EL MOVER DE LOS ÁNGELES

TODOS LOS HOMBRES DE FE CAMINARON O FUERON VISITADOS POR ÁNGELES

Marianela De León

© 2023, Marianela De León

Título: "El mover de los ángeles"

Todos los hombres de fe caminaron o fueron visitados por ángeles

ISBN: 9798862289312

DEDICATORIA

Este libro es obra del Espíritu Santo, a él lo dedico y a todas y todos pastores, ministros y hermanos que se han convertido en lo que Dios planifico. Hombres y mujeres conforme al corazón de Dios, que son fieles a Dios en este tiempo.

Marianela De León

AGRADECIMIENTOS

Le doy gracias a Dios, primeramente, por ayudarme a testificar lo que el cielo me ha revelado, por traer a mi lado personas que comparten nuestra visión y que nos ayudan a llevarla a cabo todos los días.

Agradezco a mi esposo y pastor Juan Alberto Beliard y mis hijos Jazheel Raquel, Jesús Alberto y José Alberto Beliard, por ayudar me a engrandecer el Reino de Dios aquí en la tierra y a todos los que forman parte de esta gran experiencia Angelical. Que Dios los bendiga siempre

Marianela De León

PRÓLOGO

Hoy en día encontramos gran cantidad de libros cristianos en proceso de publicación y otros que ya han sido publicados. A medida que el tiempo pasa, usted llega a diferenciar lo que ha sido escrito acerca de Jesús, de los que escriben hombres y mujeres que aman a Jesús. Notará la diferencia cuando lea un libro de alguien que busca a Dios en todo tiempo, donde Dios es su todo y vive en una íntima profundidad con él.

En su mano tiene un libro altamente ungido que lo llevará a vivir momentos inolvidables en la presencia de Dios. **"El mover de los ángeles"** lo conducirá a vivir un nivel más alto de relación con Dios.

La autora, desde la edad de 24 años ha levantado junto a su esposo dos iglesias y una fundación que ayuda a niños, jóvenes y ancianos en la ciudad de La Romana, República Dominicana, pero reconoce hasta lo más profundo de su ser que todo se lo debe a la gracia y misericordia de Dios.

Rafaela Florentino De Núñez
Pastora y misionera. Fundadora del concilio de iglesias
"La elegida".

ÍNDICE

INTRODUCCIÓN

EL ORIGEN

La palabra "ángel" proviene del término griego *aggelos* (angelos) y la palabra hebrea *malak,* que literalmente significa "mensajero". Cuando miramos la Biblia vemos que los ángeles con mayor frecuencia funcionan como mensajeros del Señor, promocionando comunicación y dirección.

Por ejemplo, el ángel Gabriel se le apareció a María para decirle que ella sería madre de Jesús, pero también hay personas que en la actualidad han tenido experiencias con estos maravillosos seres espirituales, por lo cual estaremos dando algunos testimonios de hermanos que han sido visitados por ángeles y han servido aceite ungido del cielo.

Pero, ¿existen realmente los ángeles? Muchas personas se hacen esta pregunta. Sí, los ángeles existen, la Biblia confirma su existencia. Si bien en distintos ámbitos se exponen representaciones modernas de los ángeles, mayormente se los muestra como débiles. Sin embargo, eso no se ajusta a la descripción bíblica de los ángeles, pues más bien son seres poderosos, fuertes y totalmente equipados para llevar a cabo las órdenes de Dios.

Ellos están encargados de proteger la vida de los hijos de Dios, por lo que cada vez que salimos ellos nos acompañan para cuidarnos del mal y el peligro.

Su misión es siempre resguardar a los hijos de Dios, para que cada uno de nosotros lleguemos a nuestro destino profético ("Santo es el Señor"). Lo podemos percibir por ejemplo cuando nos encontramos en peligro: ellos están ahí peleando por nosotros.

¿Cuántos ángeles existen según la Biblia?

Los seres angelicales se mencionan al menos 273 veces en 34 libros de la Biblia. Aunque no sabemos exactamente cuántos hay, por las escrituras entendemos que existe un número extremadamente elevado de ángeles.

El libro de Hebreos describe a una multitud de ángeles en el cielo que son demasiado grandes para contarlos: *"Os habéis acercado al monte de Sion, a la ciudad del Dios vivo, Jerusalén la celestial"*, en compañía de *"millares de ángeles"* (Hebreo 12:22). La impresionante imagen se expande en el libro de Apocalipsis: *"Y miré y oí la voz de muchos ángeles alrededor del trono, y de los seres vivientes, de los ancianos y su número era millones de millones"* (Apocalipsis 5:11).

(Daniel 4:13, 17:23) A menudo se describe a los ángeles como *"ejércitos de millones de huestes celestiales"* (Jeremías 5: 14; 38: 17; 44: 7; Oseas 12:5) (Salmo 89:6) o *"hijos de Dios"* (Job 2:1).

Asimismo, algunos pasajes de la escritura describen a los ángeles como *"estrellas"* (Apocalipsis 9:1; 12:4; Job 38:7-8, Daniel 8:10 y Jueces 5:20).

Por cierto, la idea de las "estrellas" puede darnos una buena noción de cuántos ángeles hay, pues si los ángeles son como las estrellas del cielo, son demasiados para contarlos. Moisés dice en Deuteronomio 33:2 que el señor vino hablarle desde el Sinaí con *"miríadas de Santo"* o ángeles. Por cierto, la definición de miríadas como objetivos hace alusión a algo innumerable e incontable.

En tanto, el Salmo 68:17 dice que los ángeles de Dios son *"veintenas de millares de millares"* al intentar calcular o estimar el número de ángeles existentes.

Aunque la Biblia no especifica el número exacto de ángeles, algunos creen que podría haber tantos como el total de humanos en toda la historia de la tierra. Esta teoría se basa en el libro de Mateo 18:10: *"Mirad que no menosprecies a uno de estos pequeños; porque os digo que sus ángeles en lo cierto ven el rostro de mi padre que está en los cielos".*

El pasaje parece sugerir que las personas -o los niños en particular- tienen ángeles guardianes para protegerse. Sin embargo, es posible que Jesús estuviera hablando aquí sólo en términos generales sobre la función de los ángeles como los protectores de los niños y adultos.

En cualquier caso, las escrituras son claras en cuanto a que los ángeles sí guardan y protegen a los seres humanos, como se indica en Salmo 34:7 y Salmo 9: 11,12.

¿Tienen nombre asignado los ángeles?

Un ángel frecuentemente mencionado en toda la Biblia es Gabriel, a quien se lo considera un mensajero. Cada vez que se lo nombra es porque tiene sabiduría o una palabra especial de Dios para compartir.

Miguel es otro ángel específicamente mencionado en la Biblia, aunque en lugar de ser un ángel mensajero como Gabriel, se trata de un arcángel, es decir un ángel principal, lo que indica que tiene un rango celestial más elevado.

Judas 1:9 se refiere a él como el arcángel Miguel, mientras que a lo largo de la Biblia se lo expone como un guerrero que lucha contra Satanás y los ángeles caídos.

Nombres de los ángeles caídos

Si los ángeles caídos están incluidos entre los que se nombran en la Biblia, debemos mencionar dos nombres más: Lucifer/Satanás y Apolión/Abadón, otro ángel caído que lidera un ejército de demonios (Isaías 14:12-18; Lucas 10:18). A su vez, en otros libros aparecen diferentes nombres otorgados a los ángeles, como sucede en el judaísmo, el catolicismo y los textos mormones.

Hago referencia oportuna a los ángeles que mi esposo y yo no solo hemos visto, sino que además hemos hablado con ellos. Compartiré nuestras experiencias con ángeles cuyos nombres revelaremos más adelante.

Las escrituras nos enseñan que los ángeles nos ayudan en la guerra espiritual contra las fuerzas de Satanás y del mal. Hablando de ángeles, el escritor de Hebreos dice: *"¿No son todos los ángeles espíritus dedicados al servicio divino, enviados para ayudar a los que han de heredar la salvación?"* (Hebreos 1:14). Hay muchas ilustraciones del ministerio angélico entre el pueblo de Dios en las Escrituras, pero mencionaré dos ejemplos dramáticos que están relacionados con la guerra espiritual.

Como ya hemos visto, Daniel 10 revela que la respuesta a la oración que él hizo fue interrumpida por demonios, por lo que el arcángel Miguel y otro ángel bueno sin nombre se pelearon con ellos para ver que la respuesta a la oración fuera entregada.

Otro ejemplo sorprendente de la asistencia angelical se encuentra en 2 Reyes 6, donde el rey de Siria vino a Dotán para capturar al profeta Eliseo. Por la mañana, cuando el criado del hombre de Dios se levantó para salir, vio que un ejército con caballos y carros de combate rodeaba la ciudad.

- ¡Ay, mi Señor! -Exclamó el criado- ¿Qué vamos a hacer?

-No tengas miedo -respondió Eliseo- los que están con nosotros son más que ellos.

Entonces Eliseo oró: *"Señor, ábrele a Guiezi los ojos para que vea".* El Señor así lo hizo y el criado vio que la colina estaba llena de caballos y carros de fuego alrededor de Eliseo. (2 Reyes 6:15-17).

El rey de Siria fue sin duda influenciado por los demonios para tratar de deshacerse del gran profeta de Israel. Eliminar a Eliseo hubiera sido un gran punto para Satanás.

Sin embargo, cuando el ejército enemigo llegó, Eliseo fue rodeado por una hueste de jinetes celestiales que lo protegieron. Aunque no podemos mirar tras la cortina en el mundo invisible, podemos estar seguros de que Dios emplea ángeles para ministrar a nuestro favor y protegernos del enemigo.

Los ángeles son los dispensadores y administradores de la divina beneficencia para con nosotros. Ellos se ocupan de nuestra seguridad, se encargan de nuestra defensa, dirigen nuestros pasos y con solicitud constante procuran que nada malo nos acontezca (Juan Calvino "Institución de La Religión Cristiana").

La guerra espiritual no se trata de la lucha del hombre contra el hombre. No es una batalla política, social ni económica; ni siquiera una lucha religiosa teológica doctrinal, y tampoco es un conflicto entre seres humanos. Las batallas no son contra las personas sino contra poderes espirituales invisibles. De hecho, toda la raza humana está bajo un cruel dominio por parte de ciertas principales potestades, gobernadores espirituales de las tinieblas mundiales, espíritus malignos de alta esferas, y cada hombre, mujer y niño es un blanco. El diablo tiene a los humanos en su punto de mira. A toda la raza se oponen los principados y potestades, los gobernadores mundiales de esta oscuridad presente.

Tal como sostiene Ray Stedman, no hay tregua en la guerra invisible, no hay armisticio en la guerra invisible. Se están librando cientos de millares de batallas todos los días en esa guerra. El campo de cada batalla acontece y se libra en la mente y el corazón del hombre.

Donald Grey Barnhouse refiere que cuando se ejecutan estas guerras, Dios envía a sus agentes espirituales para ayudar en nuestras batallas diarias. Ellos evitan que los demonios y principados ataquen nuestro territorio y a nuestras familias; nos guardan en nuestra entrada y nuestra salida. Ellos pelean día y noche contra Satanás y sus secuaces para impedir que acaben con la humanidad.

Es maravilloso saber que ellos cuidan de nosotros a diestra y siniestra y que no duermen, pues son guerreros activos 100% en la batalla para defender a los hijos de Dios en la tierra.

Evitan que los dardos de fuego que tira el enemigo derriben a los siervos de Dios, defendiéndose con sus armaduras poderosas. ¡Aleluya! No estamos solos, ellos nos ayudan a pelear nuestras batallas diarias.

Satanás es un enemigo vencido, pero no va a caer sin dar la lucha. Él se opone a Dios y a su pueblo hasta que se encuentre atado en el abismo por mil años y al fin sea arrojado al lago del fuego.

Por esta razón los siervos de Dios tenemos que ser vigilantes y estar en la búsqueda constante de la presencia de Dios, sin darle oportunidad a Satanás de ganar.

En ese sentido, la muerte y resurrección de Cristo fue el punto crucial de la guerra entre Satanás y Dios, entre los demonios y los ángeles. En la cruz Jesús desarmó y triunfó sobre el diablo y todos los principados y potencias bajo su mando. Gracias Dios por la victoria que nos ha dado.

PRIMERA PARTE

LOS ÁNGELES

¿Por qué hablamos de ángeles?

La necesidad de explayarnos y conocer más acerca de los ángeles y su importancia nace a raíz de que estamos cansados de escuchar en la boca de los humanos palabras o nombres de los demonios.

Vemos que se adora a un dios falso llamado Satanás, que no fue el que murió por nosotros y resucitó, pero los hombres le rinden adoración con sus hechos pecaminosos y su lenguaje perverso. Sin embargo, nuestro Dios es soberano, infinito y misericordioso.

Es un Dios padre que escucha el dolor de sus hijos, que nos respalda y nos ama con un amor infinito. A pesar de esto, el hombre va continuamente hacia el mal haciendo lo que a Dios no le agrada, hablando y viviendo en derrota y miseria, con una pobreza espiritual que ha llevado a la destrucción de importantes valores bajo las órdenes del demonio, respirando tabaco, bebiendo alcohol, promoviendo el adulterio, fornicando y comportándose muchas veces como perros, con obras oscuras como la noche que abren la puerta a actos perversos y a una conciencia entenebrecida.

Teniendo un cielo tan hermoso y estrellas que brillan junto a un sol que nos da calor y una luna que nos alumbra, muchos eluden esta belleza y deciden irse por el camino del engaño de Satanás. Pero Dios, en su misericordia, se duele de su creación y quiere salvarla.

A través de nuestro ministerio se han reconciliado con el Señor personas que tenían graves problemas de distinta índole, desde el consumo de drogas, la adicción al sexo, casos de violencia familiar, jóvenes abusados sexualmente y personas con trastornos de la personalidad.

Por eso mismo le pedimos al Señor poder ser, para cada uno de los lectores de este libro, una bendición que les permita ayudarlos a recuperar la fe y la esperanza en medio de este mundo lleno de confusión. Juntos podemos vencer el orgullo, la falta de fe y la ignorancia, aprendiendo a ser creyentes de verdad y a sacar de nosotros la duda, el enojo y la ira contenida para construir y afianzar una relación exitosa y armoniosa de intimidad con Dios.

Los ángeles no se pueden adorar

Aunque es cierto que tenemos ángeles que nos protegen y nos guardan del mal y del peligro, es importante señalar que no se le debe rendir culto ni adoración, pues ellos son consiervos nuestros hechos solo para adorar al creador.

***

"Yo, Juan, soy el que oyó y vio estas cosas. Y cuando oí y vi, me postré para adorar a los pies del ángel que me mostró estas cosas. Y él me dijo: Mira, no lo hagas; yo soy consiervo tuyo, y de tus hermanos que retienen el testimonio de Jesús"

(Apocalipsis 22:8-9)

"Cambiaron la verdad de Dios por la mentira adorando y sirviendo a las criaturas antes que, al Creador, el cual es bendito por los siglos de los siglos"

(Romanos 1:25)

"Por esto Dios los entregó a pasiones vergonzosas; pues aún sus mujeres cambiaron el uso natural por el que es contra naturaleza, y de igual modo también los hombres, dejando el uso natural de la mujer, se encendieron en su lascivia unos con

otros, cometiendo hechos vergonzosos hombres con hombres, y recibiendo en sí mismo la retribución debida a su extravío"

(Romanos 1:25,26-27)

***

Los ángeles son seres creados para el servicio y alabanza de Dios y Cristo, pero también para el servicio y protección de creyente. Tenemos que amarlos, pero no adorarlos ni rendirle reverencia.

***

"Bendigan al Señor, ustedes sus ángeles, poderosos en fortaleza, que ejecutan Su mandato, obedeciendo la voz de su palabra"

(Salmo 103:20)

***

Los ángeles realizan una inmensa labor a nuestro favor, cuidándonos de los ataques infernales y trayéndonos mensajes de parte del señor Dios todopoderoso. Pero los seres humanos han creído muchas fábulas, mitos y creencias falsas. Incluso, muchos rinden culto a los demonios, haciendo sacrificios con humanos y animales, adorando a su padre -el diablo- a través de ceremonias; otros tienen imágenes en sus casas y les rinden homenajes y adoración a estas prácticas paganas. Aún en muchos templos religiosos tienen imágenes y los bautizan, engañando a las personas y haciéndoles creer que tienen poder y que son de Dios.

La mayor parte de estas personas viven engañadas. Para la iglesia de Cristo solo se adora a un Dios, que es verdadero que no necesita sacrificio, porque ya hubo uno que se sacrificó por nosotros.

No pide derramamiento de sangre porque su hijo derramó su sangre para redimir los pecados de cada ser humano.

Ese mismo Dios tiene en su trono ángeles, arcángeles, serafines, tronos, querubines y ancianos que están adorando día y noche, aunque allá no existe el tiempo porque el mismo Dios abarca todo.

Amamos a los ángeles porque son seres espirituales creados por Dios que están abocados a la alabanza y adoración de su nombre y son enviados con labores específicas.

Por ejemplo, Zacarías y su esposa Elisabet habían orado pidiendo tener un bebé, pero cuando ya eran viejos, todavía no habían tenido hijos. Zacarías era sacerdote en el templo. Un día lo visitó un ángel llamado Gabriel y le dijo que Dios contestaría las oraciones de él y de Elisabet y que tendrían un bebé. Gabriel dijo que debían ponerle al bebé el nombre de Juan. (Lucas 1:8-1319).

El ángel Gabriel le dio la noticia al sacerdote de que Juan sería un profeta recto de Dios y que enseñaría a la gente acerca de Jesucristo. (Lucas 1:15-17).

Sin embargo, Zacarías no le creyó al ángel porque Elisabet ya estaba muy anciana para tener un bebé. Gabriel le dijo a Zacarías que, como no había creído lo que Dios le había prometido, que no podría hablar hasta que naciera Juan. (Lucas 1:18-2).

Los ángeles de Dios no solo nos cuidan, sino que también nos traen mensajes. Estas visitas son reales y verdaderas. No ignoremos su gran trabajo y agradezcamos a nuestro Dios por enviar a estos ángeles para protegernos. Alabado sea Dios por los siglos de los siglos, Amén.

¿Hay ángeles malos que controlan ciudades, territorios y naciones?

A nivel estratégico, la guerra espiritual implica confrontaciones de poder con los *"principados y potestades de alto rango"*, como lo describe Pablo (Efesios 6:12). Esas entidades demoníacas están asignadas a territorios geográficos y redes sociales.

También se le conoce como espíritus territoriales y su misión es mantener en cautiverio espiritual a un gran número de personas conectadas en red a través de ciudades, barrios, regiones, naciones, grupos de personas, industrias, gobiernos, empresas, sistemas educativos, alianzas religiosas, medios de comunicación o cualquier otro tipo de institución social.

El mapeo espiritual es una parte integral de este nivel de guerra. Se trata de la práctica de identificar las condiciones espirituales que están operando en una determinada comunidad, ciudad o nación.

Son lugares donde hubo derramamiento de sangre, prácticas idólatras, líderes históricos clave, convenios quiebran todo e inmoralidad sexual.

Los creyentes podemos identificar las puertas abiertas entre el mundo espiritual y el mundo material, las cuales nos ayudan a determinar nuestra respuesta al entrar en la oraciónde guerra.

Recuerdo que en el año 2021 estaba yo sentada dando un programa de noche de liberación, el cual presento todos los viernes a las 7:30 pm, cuando de repente sentí una brisa fuerte que rozó mis piernas y un escalofrío penetró mi cuerpo. Esto me dio a entender que había espíritus inmundos cerca de la casa. De inmediato empecé a reprender esas presencias diabólicas y escuché unos gritos que venían desde afuera.

Luego vi a mi amada vecina que estaba llamando a su hija al notar que alguien se había metido en la piscina sin su permiso. La niña estaba asustada, pues decía que veía algo feo que la llamaba, y la madre, al verla agarrada de un lado de la piscina, procedió a sacarla.

La niña le decía con insistencia que había algo malo que la estaba llamando. Al ver el portón que rodeaba a la familia, cuando terminé el programa corrí hasta la casa de mi vecina y le pregunté qué estaba pasando.

Ella me comentó que la niña aseguraba ver a un monstruo que la llamaba. La niña le gritaba que no se fuera de ahí.

Por el Espíritu Santo me di cuenta de lo que estaba sucediendo. Entonces empecé hacer una guerra espiritual y a echar fuera todos esos malos espíritus en el nombre de Jesús.

Al día siguiente le pregunté a la niña qué era lo que había visto, pero ella solo me hacía señas, pues no hablaba debido a una dificultad que tenía en el habla.

En ese momento sentí de parte de Dios la necesidad de tomar papel y lápiz para pedirle que dibujara. Seguido, lo que dibujó fue espantoso. Era la imagen horrenda de una criatura con el cabello largo hacia atrás y dos grandes cachos parecidos al de un buey con los ojos brotados.

Ver aquella imagen nos causó un gran terror y entonces comprendimos por qué la niña estaba tan asustada. De inmediato, todos los cristianos del lugar nos pusimos de acuerdo para hacer una guerra espiritual y gracias a Dios estos espíritus tuvieron que abandonar el lugar. Logramos reprenderlos en el nombre de Jesús.

¿Cómo están organizados los ángeles?

Dios creó un gran número de seres espirituales llamados ángeles. Su cantidad no aumenta ni disminuye, ya que no se reproducen entre sí. Ellos tienen rangos, organización y más poder que los seres humanos. Los ángeles buenos existen para alabar, adorar y servir a Dios, pero también obran a favor de los que heredan la salvación.

Aunque Dios creó todos los ángeles sin pecado alguno, éstos se rebelaron contra él bajo el liderazgo de Satanás. Por intentar obstruir la obra de Dios serán castigados eternamente sin oportunidad de redención.

***

"Entonces dirá también a los de la izquierda: Apartaos de mí, malditos, al fuego eterno preparado para el diablo y sus ángeles"(Mateo 25:41)

***

En su carta a los colosenses, Pablo hace mención a Cristo como la cabeza del universo y dice: *"El Cristo es imagende Dios, invisible, primogénito de todas las criaturas; porque en él fueron creadas todas las cosas: celestes y terrestres, visibles e invisibles. Todo fue creado por él y para él".*

En cuanto a la organización de los ángeles, se planean tres niveles de jerarquía. La primera incluye a serafines, querubines y tronos; la segunda a las dominaciones, virtudes, potestades; la tercera jerarquía contempla a principados, arcángeles y ángeles.

La Biblia describe diferentes clasificaciones de los ángeles. Los querubines y serafines son descritos como criaturas con alas. Éstos principalmente cuidan el trono de Dios en calidad de guardianes, mientras que los serafines parecen estar en su trono ofreciendo adoración y alabanza (Ezequiel 1: 4-28; 10: 1-22 e Isaías 6:2-6). A su vez, la Biblia habla de ángeles de luz (2 Corintios 11:14) y ángeles caídos en(Pedro: 4) (Judas 1:6).

Los ángeles realizan diferentes tareas. En la Biblia, algunos son mensajeros de Dios (Daniel 4:13), otros ángeles son siervos de Dios (Salmo 103:20; Hebreo 1:7; Salmo 104:4), mientras que los ángeles vigilantes se mencionan en otros pasajes (Daniel 4:13,17).

Señales que indican que tienes ángeles quete cuidan

Cada uno de nosotros tiene ángeles cerca en todo momento, más precisamente son ángeles guardianes que están siempre ahí velando para que nuestros pasos sean acertados y no, nos perdamos en el camino.

Sin embargo, por distintos motivos que escapan a la compresión humana, hay momentos en que nuestros ángeles buscan especialmente comunicarse con nosotros. Seguramente se trata de los momentos que más los necesitamos, nos demos cuentan o no de esto.

Lo cierto es que esos momentos en que nuestros ángeles intentan comunicarse con nosotros, envían señales muy claras. Solo debes conocerlos para entender que los ángeles quieren comunicarse con nosotros. En ese sentido, las siguientes son 8 señales de los ángeles a las que debes prestar mucha atención:

Plumas en lugares inesperados. Encontrar plumas en cualquier lugar, incluso en los menos esperados, es un claro indicio de que los ángeles están muy cerca de nosotros y nos están enviando señales.

Fragancias intensas. El olfato es un sentido muy fuerte, asociado directamente a las emociones y a la memoria. Si de repente en cualquier lugar donde te encuentres y sin motivos aparentes hueles una fragancia intensa que se riega en todo el espacio, es señal de que los ángeles están ahí.

Luces. Una de las mayores manifestaciones angelicales es percibir y ver pequeños relámpagos luminosos de colores que se mueven en fracción de segundos y desaparecen, pues se trata del aleteo de los ángeles cerca de nosotros.

Sonidos. Los ángeles también envían señales a través de sonidos, así que no te asustes si de pronto sientes a tu alrededor el susurro de distintas voces que no logras decodificar, es una señal de los ángeles, pues si mueven objetos o abren la nevera hacen sonidos como si fuera un ruiseñor tocando madera. Siente mucha paz, ellos están ahí.

Polvos de oro (o distintos colores). Presta atención cuando pases por algún lugar y veas que esté lleno de un polvo amarillo brillante, plateado o de muchos colores hermosos, pues esto también es motivo de que los ángeles están cerca.

Lo mismo ocurre si al hablar con una persona le notas brillos en su cara o cualquier parte de su cuerpo. Observa también los brillos en tu casa, baño, cocina, sala y hasta en tu ropa interior, ya que es señal de los ángeles.

Aceite. Si notas en tus paredes o ropas señales de aceite y crees que es una simple mancha, o si notas pequeños restos de líquido en el piso de color rojo u oliva, estos son traídos del cielo por los ángeles, en ocasiones con aromas.

Te llaman. Si al estar en un lugar escuchas que te llaman, o cuando estás dormido y crees que es alguien de tu familia o un amigo que te está dando voces o llamando por tu nombre, no tengas miedo, son ellos para que sepas que están contigo.

Muchos toques. De vez en cuando sentirás que alguien te toca o te pega. Incluso puedes percibir que te jalan los pies o los cabellos, te pasan la mano por la cabeza, te susurran al oído o te soplan; éstas también son señales de los ángeles.

Las mencionadas anteriormente son tan solo algunas de las más habituales señales que nos dan los ángeles para indicar su presencia, la cual muchas veces manifiestan también en forma de nube.

Por ejemplo, si estás en una comunión con Dios en completa adoración y al lugar o templo ingresa humo o pasa un destello de luz a toda velocidad, son los ángeles adorando a Dios junto a nosotros.

A su vez, puede sucederte en ocasiones que te encuentres con gente que creas que conoces, o bien que alguien se ofrece desinteresadamente a ayudarte o llevarte a tu casa, pero en una fracción de segundo dejarás de verlo. Son ángeles enviados para ayudarte.

También, si aparecen arcoíris la sala de tu casa, el patio, una habitación o donde vayas, es otra señal de su presencia.

¿Los ángeles se les muestran a personas específicas?

Varias personas bíblicas han manifestado que recibieron visitas de los ángeles de diversas formas. Repasemos algunas de estas experiencias que constan en las Escrituras:

1-Agar *(Génesis 16:7-14)*

El ángel del Señor encontró a Agar en el desierto junto a un manantial de agua. En el camino que lleva al Señor, el ángel le dijo:

-Agar, sierva de Sarai, ¿de dónde vienes y hacia dónde vas?

-Estoy huyendo de mi señora Sarai -contestó ella.

-Regresa junto a ella y sométete a su autoridad -dijo el ángel- Yo te daré más descendientes de los que puedas contar. Ahora estás embarazada y darás a luz un hijo y lo llamarás Ismael, que significa 'Dios escuchará', porque el Señor ha oído tu clamor de angustia.

A partir de entonces Agar utilizó otro nombre para referirse al Señor. Ella dijo:

-Tú eres el Dios que me ve ¿De verdad he visto a aquel que me ve?

2- Génesis 22:11-15

En ese momento, el ángel del Señor lo llamó desde el cielo:

- ¡Abraham! ¡Abraham! ¡Aquí estoy! No pongas tu mano sobre el muchacho -dijo el ángel- no le hagas ningún daño, porque ahora sé que de verdad temes a Dios.

3- Génesis 19: 1-25 RVR1960

Llegaron, pues, los dos ángeles a Sodoma a la caída de la tarde y Lot estaba sentado a la puerta de Sodoma; y viéndolos, Lot se levantó a recibirlos y se inclinó hacia el suelo.

Balaam (Número 22:22-38)

En ese mismo instante, Dios permitió que Balaam viera al ángel parado en el camino, esto para alcanzarlo con su espada. Balaam, entonces, se arrodilló hasta tocar el suelo con su frente. Y el ángel de Dios le dijo:

- ¿Por qué golpeaste a tu burra tres veces? Yo fui quien te cerró el camino, porque no me parece que debas ir a Moab.

Si tu burra no me hubiera visto ni se hubiera parado tres veces, ya te habría matado, y a ella la habría dejado con vida.

Israelitas (Jueces 2:1-3)

El ángel de Dios salió de Gilgal y fue a Boquim para darles a los israelitas el siguiente mensaje de parte de Dios:

-Yo los saqué de Egipto y los traje al territorio que le había prometido a sus antepasados, a ellos les dije yo le cumpliré mi promesa; pero ustedes no deben hacer ningún trato con las personas que vienen allí, al contrario, deben destruir sus altares. Pero ¿qué hicieron ustedes? Simplemente me desobedecieron. Por eso ahora que ustedes, avancen no voy a echar a esa gente tanto ellos como sus dioses serán una trampa para ustedes.

5-Gedeón (Jueces 6:11-23 NTV)

Entonces, el ángel del Señor se le apareció y le dijo:

- ¡Guerrero valiente el Señor está contigo!

-Señor -respondió Gedeón- si el Señor está con nosotros ¿dónde están todos tus milagros que nos contaron nuestros antepasados?

¿Acaso no dijeron: "El Señor nos sacó de Egipto"? Pero el Señor nos ha abandonado y nos entregó en manos de los madianitas.

Manoa y su esposa (Jueces 13-3-22)

A esta mujer se le apareció el ángel de Jehová y le dijo: "He aquí que tú eres estéril y nunca has tenido hijos; pero concebirás y darás a luz a un hijo".

Zacarías (Lucas 1: 11-20)

Y se le apareció un ángel del Señor puesto en pie a la derecha del altar del incienso. Y se turbó Zacarías al verle, y le sobrecogió temor, pero el ángel le dijo:

-Zacarías no temas; porque tu oración ha sido oída, y tu mujer Elizabeth te dará a luz un hijo, lo llamarás Juan y él amará su nombre.

Tenemos compañía

Alrededor de las tres de la madrugada, mientras los niños y yo dormíamos bajo un sueño profundo, algo terrible estaba aconteciendo por encima de mi cabeza. En la habitación había dos extensiones de alambre de electricidad con un voltaje 220 que hicieron contacto. Mi casa comenzó a incendiarse y minutos después ardía en llamas. Debido a la profundidad con la que dormía, no me di cuenta de lo que sucedía a mi alrededor. De pronto, sentí una mano que me tocaba y una voz delicada que me llamaba con insistencia. "Levántate, levántate, tu casa arde en llamas", me decía, volvía y me tocaba los hombros.

Al sentir su toque y escuchar su voz me desperté sobresaltada y me levanté totalmente asustada cuando vi el fuego. Rápidamente tomé a mis niños y sin darme cuenta de que estaba descalza y desnuda, tomé unos cubos, los llené con agua y comencé a intentar apagar el voraz incendio.

Por la misericordia de Dios pude apagar las llamas y con la ayuda de un bastón logré tumbar la electricidad.

Pero al volver en mí, me pregunté: ¿Quién fue la persona que me había llamado con tanta insistencia? ¿Dónde estaba? ¿Dónde se había ido? Al pasar el tiempo me di cuentade que era un ángel de Dios quien me había salvado de morir calcinada por el fuego junto a mis hijos. Gloria a Dios por habernos cuidado con su ángel.

***

"El ángel de Jehová acampa a nuestro alrededor y nos protege en lacañada"

(Salmo 34:7 RVR1960)

***

Hemos sido testigos de obras maravillosas en las vidas de las personas que amamos. ¿Cuántas veces Dios los ha librado del peligro? ¿De cuántas ocasiones de muerte nos salvó Dios enviando a sus ángeles para cuidarnos? Alabado sea Dios, que nos protege cada día y nos libera del mal y el peligro.

Pon colirio en tus ojos para que traspase las paredes y veas las habitaciones de tus hijos, como hice con las habitaciones de mis tres hijos, Jazheel Raquel, Jesús Alberto, José Alberto.

En cada puerta y ventana había dos ángeles vestidos como guerreros. Son como amos frente a frente el uno y el otro con sus espadas desenvainadas en señal de guerra y protección.

La voz de Dios me dijo: "Mira ahora alrededor de tu casa". Al mirar, vi ángeles en cadenas, hombros con hombros y su forma de pirámide que cubren mi casa. Aleluya a Dios.

Fue tanta la gloria que sentí que desperté adorando y saltando en la cama. Sin darme cuenta de tanta gloria el Espíritu Santo me tomó y no paraba de adorar.

Empecé a contarle a todos los hermanos aquella hermosa experiencia, no sé si en la carne o en el espíritu, pero estoy segura de que la viví.

De allí en más, mi vida fue transformada, mi fe aumentó más y se reveló en mí un gran ministerio de sanidad y un poder de liberación, (Santo es el Señor), pues tan como dice la Biblia, tenemos ángeles a nuestros servicios.

***

"¿No son todos ellos espíritus ministradores, enviados para servir por causas de los que heredarán la salvación?"

(Hebreos 1:14)

Cuando se perdió Jesús Alberto, mi hijo de dos años

Era una noche muy oscura y estábamos en el templo mis dos hijos y yo. Jazheel tenía 4 años de edad y Jesús 2. Mientras estaba en el servicio Jesús se durmió y entonces lo acosté debajo de mis piernas con una colcha en el piso. Sin embargo, al terminar el culto me di cuenta de que mi hijo no estaba en el lugar donde lo había dejado durmiendo.

Me paré enseguida y con gran desesperación empecé a buscar a mi hijo con la ayuda de los hermanos de la congregación. Mi alma agonizaba al no saber dónde estaba mi pequeño de apenas dos años. Todo tipo de ideas pasaban por mi mente en medio de la búsqueda.

Les preguntamos a todos los vecinos del área y nadie lo había visto. Mientras mi desesperación iba en aumento bajo un fuerte llanto, una señora de alrededor de 60 años me dijo: "Yo vi a un niño de 2 años por mi casa. Le pregunté cuál era su nombre y él me contestó: 'Me llamo bebé'".

Enseguida supe que se trataba de mi pequeño. La señora me indicó por dónde se había ido, con prisa tomamos la dirección y llegando al lugar unas personas amigas me indicaron al fin dónde estaba mi hijo.

Resultó ser que mi hijo estaba dormido en mi pequeña casita en el monte. Cuando lo vi plácidamente dormido sobre la cama, lo abracé y lloré fuerte. Al escucharme, me dijo: "Mami, no llores, una niña me tomó de la mano y cantaba canciones muy lindas. Me dijo que no tenga miedo porque Dios estaba conmigo; me trajo a la casa y me acostó en la cama". Enseguida le pregunté si conocía a esa niña y él me respondió: "Sí mamá, es Janaira; ella me trajo y me acostó".

Fue muy extraño escuchar el nombre de la niña, ya que Janaira era mi sobrina, que para ese entonces apenas tenía 6 años, pero mi madre -que era su abuela- no la dejaba salir a la hora que el niño había desaparecido, cerca de las 10 de la noche. Luego miré alrededor y me di cuenta de que todas las puertas estaban abiertas y todas las luces estaban encendidas. No podía explicarme cómo una niña de 6 años de edad pudo alcanzar las cerraduras de las puertas.

Llena de dudas y con la intención de buscar respuestas, tomé la iniciativa de ir a investigar a la casa de mi madre, que estaba a 4 kilómetros de mi vivienda. Al llegar, le conté a mi mamá lo que había sucedido la noche anterior. Sorprendida por el relato, me dijo estas palabras: "Janaira estuvo durmiendo desde las 9 pm de la noche. Yo misma la acosté en su cama junto a sus otros hermanos".

Janaira, según afirmó mi madre, "no despertó en toda la noche". Además, me dijo que no permitía que la niña saliera de la casa a esas horas.

Comprendí entonces lo que había ocurrido esa noche oscura y tan angustiosa para mí. La niña que supuestamente acompañó a mi hijo no era en sí una niña sino un ángel del Señor. Supe entonces que en realidad fue un ángel quien protegió a mi bebé. Lo llevó cantando todo el camino y lo acostó en la cama abriendo todas las puertas por el inmenso calor que hacía, ya que éramos muy pobres y no teníamos para comprar un ventilador. Solo alguien con una altura de más de 9 pies pudo haber prendido las luces de la casita.

¡Alabado sea Dios! Los ángeles cuidan a nuestros hijos.

***

"Pues mandará a sus ángeles por ti, para que te guarden en todos tus caminos"

(Salmo 91:11)

***

"A sus ángeles mandará para que te guarden"

(Lucas 4:10)

***

Nuestro llamado a la oración junto a la iglesia

Mi gran experiencia con los ángeles de Dios.

A mediados del año 2019 estábamos bajo una poción espiritual como el día del Pentecostés, todos unánimes en un mismo sentir, alegres en un mismo espíritu y gozosos con un ardiente anhelo por su presencia. Estuvimos todos de acuerdo en buscar y provocar la presencia de Dios para que él manifestara lo sobrenatural de su presencia para el mes de marzo, antes de la gran pandemia. A través de profetas, Dios había enviado un mensaje a la iglesia, en el cual nos invitaba a provocar lo sobrenatural de Dios.

Escuché la voz del Espíritu Santo, que me habló y me dijo: "Mete el pueblo a buscar mi presencia por 21 días". Seguido, obedecí la voz del Espíritu Santo y hablé con el pastor, que es mi esposo y piloto del puerto de la ciudad de La Romana y del puerto de San Pedro de Macorís. Él me escuchó atento y me dijo: "Si Dios mandó, que Dios nos responda". Así, convocamos al cuerpo de líderes de la iglesia y todos estuvimos de acuerdo con el llamado de Dios para buscar su presencia. Empezamos con los tres días de oración a las 4:00 am con lámpara abierta todo el día, es decir que el templo abría sus puertas y no se cerraban.

Había grupos de personas que oraban, unos salían y otros entraban. Muchos amanecíamos en la iglesia para poder estar en los matutinos de las 4:00 am. Pedimos permiso a la comunidad, esta aceptó y cada noche, mañana y día estábamos adorando a Dios en el templo, orando por los enfermos.

Recuerdo que una noche de esas, una joven y su esposo fueron a acompañarnos. Ellos pertenecían a otra iglesia, pero el esposo sintió tanto poder de Dios que le dijo: "Vamos para donde los pastores Belliard y Marianela para que oren por ti", ya que esa misma mañana madrugada la iban a intervenir quirúrgicamente. Esta pareja llegó a la congregación alrededor de la 1:00 am. Estábamos bajo una locura espiritual, tirados en el piso, humillados, adorando a Dios, contábamos y parecía que había otras voces cantando con nosotros.

El pastor miró a la joven y me dijo: "Ve y ora por esa muchacha y por su esposo. Veo que Dios le pone ovarios nuevos a esa joven. Tócala para que reciba el milagro".

Yo obedecí la voz del pastor, fui y toqué a la joven horas antes de su intervención. Oré por ella con una oración apasionada y en el fuego del Espíritu Santo le dije: "Veo a Dios quitando ovarios dañados y poniendo ovarios nuevos". La joven se llenó de la presencia de Dios y se largó a llorar dando gracias a Dios.

La joven me testificó que ella no podía concebir porque sus ovarios estaban dañados. Solo le quedaba a mitad de un ovario y se lo iban a sacar porque ya tenía indicios de cáncer. Entonces, mi fe aumentó aún más, la abracé y le dije: "Ve al doctor, cuando ellos vean los exámenes se darán cuenta de que Dios puso ovarios nuevos y pronto van a concebir". Recuerdo que ella me abrazó muy fuerte y me dijo: "Yo lo creo". Luego se fue a hacer la cirugía y transcurrieron entre tres y cuatro horas.

Mientras tanto, Dios siguió manifestando su poder tan maravillosamente que nadie se quería ir del templo. A las 6.00 am teníamos los matutinos, pero nos habíamos acostado a las 4:00 am, por lo que teníamos solo dos horas de descanso. Sin embargo, a las 6:00 am estábamos todos en el altar bajo el fuego y la presencia de Dios. En ese momento recibí una llamada, tomé el teléfono y para mi grata sorpresa era la hermana que había ido a la cirugía, quien con la voz ronca, pero llena de alegría me dio la gran noticia de que ya no era necesario que la operaran, porque Dios había hecho un milagro en sus órganos vaginales.

Inmediatamente mi corazón se alegró tanto que empecéa glorificar a Dios, pues él lo había hecho posible.

La joven me dijo: "Pastora, antes de meterme a la cirugía el doctor me mandó a hacer otros estudios para ver en qué estado se encontraban mis ovarios, pero al ver los resultados de esos estudios los comparó con los anteriores y creyó que alguien se había equivocado. "Tráiganme los estudios de esta joven porque estos no son", decía. Pero la enfermera (o ayudante del médico) le hizo saber que sí eran los estudios correctos. El doctor se quedó sin aliento y volvió a pedir que confirmaran si eran correctos. "Sí doctor, son éstos, porque me los entregaron directamente a mí", le contestó la enfermera. Totalmente asombrado, me dijo: "Yo estoy mirando dos ovarios en vez de un medio ovario. No entiendo qué pasó aquí".

La joven le contó que antes de ir a la cirugía había visitado una iglesia, donde había gente con una profunda fe y varios días de ayuno y oración, y que Dios reveló a los pastores Belliard y Marianela de León que cambiaba el diagnóstico sanando su cuerpo y dándole ovarios nuevos. Gloria a Dios. Estos jóvenes hoy agradecen al Señor por su milagro, pues esta joven finalmente concibió y dio a luz una hermosa niña.

Por fuera de esa bella historia, hubo muchas otras sanidades esos días.

Al terminar los tres días de oración en el tiempo, vino a mí la palabra de Dios a través de su espíritu y me dijo: "Marianela, quiero que el pueblo se meta conmigo en ayuno y oración". Y yo le dije al Señor: "Padre, el pueblo no va a querer meterse otra vez tan rápido en el templo, pero hablaré a los líderes".

Luego volví y le dije a mi esposo pastor lo que me había pedido el Señor, que nos encerremos en ayuno y oración en el templo por 21 días. El pastor no lo pensó dos veces y me respondió: "Si Dios mandó, debemos obedecer". Así, reunimos a los líderes y a la congregación y le hablamos del mandato de Dios. El pueblo obedeció el llamado y estuvimos bajo su gloria exquisita y palpable durante 21 días en su presencia. ¡Cuánto amor nos dio el padre con su presencia! Parecíamos corderitos en una manada unánime, todos juntos con un mismo sentir.

Comprendí una vez más que en la unidad está la fuerza y que Dios se agranda cuando su pueblo sabe escuchar su voz y le obedece.

Pasaron muchas cosas hermosas y fuertes en esos días. Nuestra fe fue puesta a prueba, pero salimos bien fortalecidos y capacitados para la batalla. Gloria a Dios por estos 21 días que formaron más mi carácter espiritual.

El fuego entró en mí, lo sentía en mi cuerpo arder de tanta unción y presencia del altísimo. Llegaba a mi casa y no paraba de adorar. Incluso cuando dormía hablaba con Dios, y durmiendo mi esposo en oración me despertaba y me decía que yo estaba hablando sola, Gloria a Dios, pero era la presencia de Dios sobre mí que como un río desbordado estaba.

Durante aquellos 21 días se produjeron sanidades, milagros, actos de reconciliación y salvación. Al terminar ese tiempo, escuché la voz del Espíritu Santo que me decía: "Dile al pueblo que quiero 21 días más de matutino". En ese momento sentí un nudo en mi garganta y le pregunté al Espíritu Santo si en verdad era él quien me estaba hablando, porque el pueblo me iba a decir que yo estaba loca o que era una fanática religiosa. Sentí temor de hablarle al pueblo, pero le doy gracias a Dios por el hombre de visión y amor por la obra de Dios que escuchó nuevamente cuando le dije: "El señor Dios todo poderoso quiere que le demos 21 días más de matutino y me pidió que incluya la Semana Santa".

Mirándome fijo a los ojos, el pastor me respondió: "Lo que Dios diga, se hará". Yo, con respeto, le contesté que el pueblo no estaría dispuesto a meterse otra vez, pero el pastor me dijo: "Los que aman buscar a Dios van a obedecer". *¡Aleluya a nuestro Dios!*

Hablamos esa noche con el pueblo y para nuestra sorpresa, la mayoría de la gente obedeció. Fueron muy pocos lo que faltaron. Empezamos los matutinos esta vez y lo hicimos a las 5:00 am.

Fue maravilloso ver a todos orando agarrados de las manos, cantando a Jehová, nuestro Dios. Parecíamos un solo hombre. Nuestros corazones estaban llenos del fuego del Espíritu Santo. ¡Gloria a Dios! Era tanta la unción que yo sentía que era capaz de hacer cosas que parecían una locura para los que se lo perdieron, pero todo es posible gracias al poder de Dios para quienes creemos en él.

Todos estábamos con fuego sobre nuestras cabezas, incluso los niños, adolescentes y jóvenes. Todos compartíamos un mismo sentir en esa una locura espiritual. No sabíamos quién era el más grande o el más pequeño. Llorábamos, reíamos, nos abrazábamos, cantábamos y junto a una gloria excesivamente espesa comenzamos a dar sueños y revelación de que algo grande venía para la congregación. Dios enviaba profetas, nos mostraba a nosotros mismos y hablaba a través de los niños. Había un "mover espiritual" muy grande. Los vecinos no entendían qué estaba pasando en la iglesia de Dios, noche tras noche.

Había sanidades, liberaciones y salvación de personas que llegaban para que oremos por ellos desde otras partes, incluso inconversos iban y se sentaban a ver lo que estaba pasando en la iglesia. Era la mismísima presencia de Dios con nosotros.

El cielo se abre cuando los hijos de Dios obedecen. Si los cielos estaban abiertos, entraba una nube y arropaba a todo el templo. Sabíamos que era la presencia de Dios con nosotros, como la vio Isaías (*No había un día o una noche, cuando Dios y su presencia no se movieran con nosotros "Santo es el Señor"*).

Culminamos cuando pasó la Semana Mayor, todo bajo obediencia provocamos que lo sobrenatural de Dios se manifestara en nosotros.

Cambio de ministerio: en vez de demonios, veo ángeles

De tantos ataques y visiones donde podía ver el rostro de los demonios y sentir cuándo iban a atacar en una región o jugar mi vida, la situación se tornó depresiva. No dormía de noche ni de día. Era buscada por las personas de mi comunidad para hacer liberación y sacar demonios territoriales. Algunos de estos se adueñaron de las carreteras causando así accidentes mortales con muertes espantosas.

Dios me llamó en las madrugadas y me dio la orden de desalojar los espíritus de las tinieblas que son plantados por brujos y hechiceros. Estos mismos son enviados por Satanás a hacer ritos satánicos en las cruces de caminos y carreteras, plantando allí espíritus que se creen dueños del lugar y causan muchas muertes por accidente, echando sangre de animales y muñecos con muchos alfileres clavados, atados con alambres y colocados en la cruz de las carreteras. También hacen vudú colocando una gran serpiente, que es el demonio que domina en ese lugar.

Pero donde hay hombres y mujeres usados por Dios y llenos de la unción y el poder de su espíritu, estos no prosperan. Tienen que irse, pues no soportan la unción y el poder que portan los hijos de Dios. ¡Aleluya!

El mismo Jesús dijo (Lucas 10:19): *"He aquí os doy potestad de hollar serpientes y escorpiones, y sobre toda fuerza del enemigo, y nada os dañará".*

Este poder me hace vivir cada día bajo la unción fresca del Espíritu Santo. Recuerdo que una madrugada, mientras mi esposo leía las noticias, yo estaba comiendo una fruta, pues tengo un tratamiento hormonal que me genera ansiedad y comer una deliciosa fruta me ayuda a calmarla. De repente escuché algo que se movió o hizo un movimiento brusco en la sala de la casa. De inmediato me puse a orar y empecé a reprender los espíritus de las tinieblas, pensando que éstos habían ocasionado el ruido tenebroso que escuché.

Mi esposo escuchó la represión intensa que hice, se paró de la cama y al sentarse a mi lado me dijo: "Si Dios habita en esta casa, aquí no pueden entrar demonios, Marianela. Pídele a Dios que te muestre sus ángeles. Ellos habitan en esta casa. Dile al Señor que abra tus ojos espirituales para que los puedas ver".

Yo me quedé sin palabras en ese momento. Me sentí avergonzada, pero comprendí que él tenía razón, porque no podía vivir con temor. Así que era tiempo de cambiar la historia de mi vida.

Entonces le dije a mi esposo: "Tienes mucha razón, si hay un cielo maravilloso que está hecho para nosotros y para nuestros cuidados, ¿por qué tengo que darle mi valioso tiempo a reprender demonios cuando hay legiones de ángeles que han sido puestos a nuestro favor?" *¡Gloria a Dios!*

En ese mismo instante le pedí a Dios -en oración- que, en vez de demonios, yo pudiera ver sus ángeles y ministrar con ellos.

Dios me escuchó y ya no veo demonios. Le pedí a Dios que me permitiera sentirlo y saber qué están ofendiendo las almas para echarlos fuera, pero que los quite de mí para no verlos, pues no podía dormir cada vez que me acordaba de esos horrendos rostros malignos. Los veía en forma de cerdos, monos, hombrecitos, ranas gigantescas, cocodrilos con pata de chivos, caballos con cara humana… son realmente horrendos y asquerosos,

Mi vida no tenía gozo ni sentía paz. Siempre estaba a la expectativa, pensando que había demonios hasta en el sofá.

Pero eso cambió en ese gran momento cuando le pedí aDios: "Cambia mi historia de vida, ahora déjame que conozca el cielo de vida, ahora déjame que conozca el cielo".

Le pedí con lágrimas "ministrar con el cielo", esta fue mi oración. Y Dios me contestó y me cedió andar con el cielo. *¡Alabado sea Dios!*

Dios envió ángeles para evitar que raptaran a mi hija

Sé que te va a impactar cada paso de esta historia y va a fortalecer tu relación con Dios. Vas a crecer en tu búsqueda por la verdad y Dios te va a iluminar en los caminos de oscuridad que estés viviendo.

Nuestro Dios es real, bueno y amoroso. Nos cuida de lo que él ama y dentro de ello estás tú, si tú, que estás leyendo este relato histórico de una familia elegida por Dios para su propósito en la obra, que ha sido marcada, probada y a la vez bendecida, y hoy disfruta de tener el cielo a su favor. *¡Dios te bendiga!*

Una de las experiencias más traumáticas que he vivido fue cuando a comienzos del mes de octubre a mi esposo lo enviaron para el Este del país, donde lo asignaron como ayudante de piloto marítimo, aunque sin cobrar un sueldo en ese entonces y dejándome sola en un lugar desierto y oscuro, donde solo había luciérnagas, culebras, arañas y ciempiés.

Lo enviaron a un lugar escalofriante y lejos de la población tiene por nombre La Cañada, pero yo lo llamo el lugar de mi mayor proceso, pues allí fuimos marcados y olvidados por la gente, pero no de Dios. En ese lugar vivimos noches muy oscuras que parecían nunca terminar, pero la luz de Cristo alumbraba nuestra vida familiar.

Allí nos llevó el Señor primeramente para ser probados, con la miseria, el hambre, la enfermedad y lo más terrible, el desprecio de la gente y la burla de los que no sabían por qué Dios nos estaba probando. Es bíblico decir que todo al que Dios elige para una gran misión primero pasa por el molde de las pruebas.

Sin embargo, puedo decir con certeza que en cada noche oscura había guardianes espirituales que protegían nuestras vidas, nuestra vivienda o hogar, pues era una pequeña casita en un monte que se estaba cayendo, ya que no había sido construida por albañiles ni ingenieros, sino que fue la mano de un padre amoroso, llamado Jesús de León, quien para no ver a su hija rodando sin un lugar donde vivir le hizo esa casita en el conuco que él tenía un humilde hogar.

Quizás para muchos esto fue motivo de burla y desprecio, pero para mí, mi esposo y nuestros hijos, era un hogar. Ya nos habían sacado de lugares, cambiamos de espacio más de 16 veces. Nos sacaban los trastes y nos botaban de esos sitios, sin nosotros saber qué hacer, sin trabajo, pasando hambre y hasta vergüenza.

Dios no permitió que nadie nos amparara en ese momento porque estábamos siendo pesados en balanza, para saber si éramos aptos para el ministerio que Dios pondría en nuestras manos. Hoy puedo contarlo con gozo porque sé que en algo te va a ayudar a saber que los desiertos se viven, más tú eres quien decide quedarse en él o avanzar.

Con la ayuda de Dios, mi esposo y yo decidimos avanzar por encima de toda la pobreza y miseria, orando en todo el tiempo, ayudando y siendo fieles a Dios. Él cuidaba de nosotros y nos protegió de todos los peligros.

Una madrugada muy fría mientras dormía con mis tres niños, escuché la voz de alguien que me llamó y a la vez me tocó el hombro incitándome a despertar. Respondí al llamado ante tanta insistencia, pero al abrir mis ojos no vi a nadie a mi alrededor.

Entonces me levanté y fui a la habitación de los niños, donde noté para mi horrible sorpresa que un hombre, ladrón secuestrador, me estaba quitando a mi niña, de apenas 3 años, sacándola por la ventana de su habitación.

Yo empecé a gritar como una loca y agarré a la niña. La jalé y empujé hacia mí por sus piecitos. No dejaba de pedir auxilio, pues estaba sola (en lo físico) con mis hijos en aquella cañada de sombra y espanto, pero nunca estuve sola en lo espiritual porque Dios mandaba su escolta de ángeles a cuidarnos. No sé qué vio ese hombre violador o ladrón, pero lo que sí sé es que él se encontró con alguien que no le permitió dañar a mi pequeña. *¡Aleluya!*

Dios nos ama y nos cuida del mal y el peligro. En las noches más oscuras él nos protegió. Quien me llamó para que yo me levantara fue el ángel de Jehová, que está alrededor de los que le tienen. Abracé fuerte a mi hija y cubrí con mis brazos a mi otro hijo, que apenas tenía un año en ese entonces. Lloré amargamente, pero a la vez agradecida de Dios por su protección.

Mi pequeño refugio no tenía seguridad, pues las tablas estaban carcomidas y se despegaban solas. No teníamos recursos, ni piso, solo un rústico hoyado, sin sillas ni nada, era una verdadera prueba.

No obstante, doy la gloria a Dios porque allí, en medio de la soledad, lo pude conocer y enamorarme de él porque me abrazó con su gran misericordia.

En total, cinco veces intentaron entrar a mi casita en la madrugada, pero mi esposo nunca estaba.

Él trabajaba al este del país en la ciudad de La Romana en una pasantía sin salario. Él no estaba con nosotros, no porque no quisiera, sino porque había que buscar la manera de generar dinero para la familia. Pero Dios, por su misericordia, no permitió que ninguno de esos atracadores y ladrones le hiciera daño a mi familia. La mano poderosa de Dios estuvo y está siempre, con nosotros.

***

Avanza para ver lo que Dios te ha prometido. Cada paso que das en falso retrasa más tu bendición.

Te aconsejo que no des marcha atrás por favor, sino siempre hacia adelante siguiendo tu bendición, que está a la vuelta de la esquina. *¡Ve por ella!*

El ángel de Jehová cuidó de mis hijos

Testimonio

A principios del 2014 habíamos logrado comprar nuestra casa en base a mucho sacrificio. Mi esposo es un fiel creyente, un hombre de fe, que le pidió al Señor que le diera la posibilidad de hacer nuestra casa. Se lo pedía en constante oración y una noche, mientras estaba en el balcón alrededor de las 2:00 am, mientras oraba con pasión le dijo en confianza al Señor: "Necesito que me digas si tú estás de acuerdo que yo compre esa casa. Ven, siéntate aquí conmigo y escúchame. Dime qué debo de hacer para conseguir tanto dinero que yo no tengo. Por favor dime si tú estás de acuerdo, yo esperaré tu respuesta y lo que tú me digas eso voy a hacer".

Dios le habló a las 4:00 am a la señora de servicio, Doña Minerva, y le dijo en una revelación: "Ve y dile a mi hijo que yo escuché su clamor y estoy de acuerdo con lo que me ha pedido". A las 6:00 am me tocó la puerta la señora y me repitió exactamente lo que Dios le había dicho.

Tras escuchar a Doña Minerva le di las gracias y procedí a contarle a mi esposo. De inmediato su semblante cambió y una gran sonrisa se dibujó en su rostro.

Me contó lo que esa madrugada le había pedido al Señor sentado en el balcón de la sala. Nos agarramos de la mano y glorificamos a Dios. Finalmente, el banco otorgó el préstamo y compramos nuestra casa en el residencial los Prados Cumayasa, donde poco tiempo después nos mudamos. Felices de estar en nuestro dulce hogar, una noche a mi esposo le tocó ir a trabajar al muelle del río Haina y me dejó sola con los niños en la casa de dos niveles que Dios nos regaló, pero Satán no se quedó tranquilo e hizo un plan macabro para robarnos nuestras pertenencias. A la 1:00 am recibí una llamada que inicialmente creí que era de mi esposo para preguntarnos si estábamos bien, pero no fue así. El personaje que estaba detrás de la línea telefónica hizo silencio y cuando le pregunté quién era se quedó callado. Cuando creí que se había caído la línea, dije: "Alo, ¿eres tú mi amor?" Al instante, el personaje colgó la llamada, tras lo cual corrí junto a mis hijos, con temor de que algo malo pudiera pasarles.

Cerca de las 3:00 am volvieron a llamar al teléfono. Yo me había quedado dormida y al sentir la insistencia de la llamada, corrí a tomar el teléfono y pregunté quién era, pero una vez más, no me contestaron e inmediatamente me entró un temor escalofriante. Mi cuerpo se paralizó por el miedo.

Temblando y con el corazón muy acelerado, le dije que el ángel que ahora estaba conmigo me iba a defender de cualquier ataque que quisieran hacernos.

Tranqué la llamada y corrí a abrazar a mis hijos. Esa madrugada había dejado mi habitación y me quedé en la de huéspedes debido al temor que sentía. Me quedé dormida con mis tres hijos pequeños y de pronto sentí unas manos que me estaban tocando con insistencia y una voz que me decía: "Despierta Marianela, despiértate. Se quieren meter a robar a la casa". Escuché esa voz suave y delicada, pero no vi a nadie. Entre sueños, con mis ojos abiertos vi a cuatro individuos que estaban forzando la ventana de la habitación.

Mi corazón quería salirse por mi boca. Estaba asustada, atónita y no sabía qué hacer. En mis manos tenía un teléfono, pero no podía marcar los números porque los nervios no me dejaban y entonces escuché la voz del Espíritu Santo que me dijo: "Te he dado boca de Leona, ruge". Los ladrones estaban alumbrando el cuerpo de mis niños. Cuando vi esta acción, me armé de gran valor, abrí de un solo golpe la ventana que estaba a mi cabeza y el sonido de mi voz salía con gran estruendo pidiendo auxilio. Era tan fuerte mi voz que los ladrones se asustaron y un vecino que observaba por la ventana de su casa a los gritos me dijo: "Son ocho Marianela, hay cuatro arriba y cuatro abajo". En ese instante mis nervios se descontrolaron y grité más fuerte hasta que se fueron.

Los sujetos habían ido con un vehículo grande para vaciar mi casa, pero el ángel del Señor no lo permitió, pues fue el ángel quien me tocó tres veces el hombro para que yo me despertara. Usó una voz dulce y suave a la vez para darme confianza. Gloria a Dios por su ángel de la guardia que nos cuida día y noche, y anda con nosotros, camina con nosotros y está donde quiera que vayamos.

**

"El ángel de Jehová acampa alrededor de los que le temen y los defiende gustad, y ved que es bueno Jehová; dichoso el hombre que en él confía"

(Salmos 34:7-22 RVR1960)

**

LOS PASTORES NOVA

PRIMERA VISITA DE LOS NOVA A NUESTRA CASA

Estábamos esperando con mucho entusiasmo la llegada a nuestro hogar de los pastores Nova. Recién comenzaba el año 2014 y con mi esposo habíamos planeado hacer tres noches gloriosas de campaña, para las cuales habíamos invitado a los pastores que tenían el ministerio de los ángeles y el aceite del cielo. Para aquella época la noticia no se hizo esperar y todo el pueblo estaba a la expectativa de la llegada de estos dos siervos, un matrimonio usado enormemente por Dios.

Diariamente recibimos llamadas de personas que estaban deseosas de saber si era verdad que los ángeles hablaban y visitaban a esta pareja de pastores. Fueron pasando los días hasta que por fin llegó ese gran momento que todos estábamos esperando.

Eran aproximadamente las 2:00 pm cuando llegaron los pastores. Fueron momentos de gran emoción y alegría, pues es un privilegio tener con nosotros a un matrimonio con tantas vivencias espirituales y celestiales.

Dios caminaba con ellos. Yo misma soy fiel testigo, al igual que mi esposo y nuestros hijos, de las maravillas que Dios hizo a través de los Nova en su lugar de residencia, el pueblo de Don Gregorio, en el municipio de Nizao, República Dominicana.

Allí hemos vivido hermosas experiencias al ver a los ángeles llevar aceite al templo de los pastores Nova. Era emocionante y fascinante cuando en esos retiros las personas eran sanadas, liberadas y transformadas por el Espíritu Santo y ese mover glorioso de ángeles que descendían al altar y llenaban todo el aceite del cielo. En el altar hay una fuente y los ángeles hacían brotar aceite de la misma. Muchas personas lo podían ver, oler y sentir, era algo sobrenatural.

Había tanta evidencia del poder de Dios en ese lugar que iban minibuses llenos de personas. Se juntaban tres o cuatro guaguas llenas con muchos pacientes que llegaban con todo tipo de enfermedades. Recuerdo en ese sentido a una señora con un delicado estado de salud, para quien los médicos ya no tenían esperanza. La llevaron en silla de ruedas a los retiros de los miércoles y cuando oraron por ella ungiéndola con el aceite, fue sonada al instante y glorificaba al Señor. *¡Bendito sea Dios!*

En Marcos 6:13 leemos que los apóstoles *"ungían con aceite a muchos enfermos, y los sanaban"*; y en Santiago 5:14 leemos: *"¿Está alguno enfermo entre vosotros? Llame a los ancianos de la iglesia, y oren por él, ungiéndole con aceite en el nombre del Señor"*.

En tanto, en Génesis 32: 1-2 consta que *"Jacob se encuentra con los ángeles de Dios en Mahanaim y se da cuenta de que Dios está con él y que tiene protección angelical. Jacob siguió su camino y le salieron al encuentro ángeles de Dios y dijo Jacob cuando los vio: campamento de Dios es este; y llamó el nombre de aquel lugar Mahanaim"*.

Normalmente los ángeles son invisibles, pero se volvieron visibles a la vista de Jacob y se encontraron con él. Quizás Dios quería que Jacob supiera lo grande que sería su cuidado hacia él y hacia su familia.

El aceite es el óleo de los enfermos y tiene como finalidad aliviar las dolencias del cuerpo y del alma, erradicando el mal y consiguiendo así el perdón de los pecados. Por medio de este aceite de la unción se ejecuta la sanidad de todos los enfermos, siendo aplicado a los que se encuentran aquejados por enfermedades graves. Todos allí quedamos fascinados al ver tantas maravillas y prodigios. Las personas salíamos del templo cantando y adorando.

Recuerdo que cuando llegábamos a nuestras casas contábamos con alegría a los amigos y familiares todo lo que habíamos vivido en esos retiros. Entonces el próximo miércoles íbamos con más personas que querían ver y saber si era real lo que decían de los ángeles y el aceite.

Cuando los hijos de Dios entraron a nuestra casa todo el ambiente cambió. Fue como si el cielo se hubiese trasladadoa mi casa, dejando todo el ambiente perfumado y transformado en una alegría inmensa. Abracé mi corazón cuando vi entrar a los Nova a mi humilde hogar. Nos abrazamos y tanto ella como su esposo comenzaron a llorar, pero al mismo tiempo nos reíamos.

Antes de entrar a la sala, Mamá Carmen -como le decimos en mi familia cariñosamente- me dijo estas palabras: "María, el Señor me dijo que te entregara mi ministerio". Mi cuerpo empezó a temblar y un inmenso miedo recorrió mi cuerpo. Sin pensarlo le contesté: "No Mamá Carmen, yo no estoy preparada para algo tan grande. Yo sé muy poca cosa además no tengo mucho conocimiento". Sin embargo, ella insistió en que Dios le había dicho que él traspasaba el ministerio.

Yo seguía sin poder creerlo, pues me sentía muy inferior. "¿Por qué?", me preguntaba a mí misma, si yo no estaba preparada para eso, pero una cosa era la que yo creía y otra la que había hablado Dios.

Las personas empezaron a llegar a mi casa para ver a la pareja de pastores. Esa primera noche de la campaña el templo se llenó. Fue realmente una noche gloriosa llena de la unción de Dios. Los pastores dieron su testimonio de cómo Dios los había elegido para este gran ministerio. Las personas, expectantes, no se querían ir. No podíamos terminar el servicio, pues el pueblo quería seguir escuchando las maravillas de los ángeles.

Finalmente, al terminar el servicio, cerca de las 10.30 pm cenamos y Mamá Carmen subió a orar a su habitación. Escuché a lo lejos una voz que me llamaba y me decía con mucha insistencia: "María, sube aquí a la habitación que tengo que decirte algo que Dios me mostró". De inmediato subí a la habitación y atrás mío vino mi esposo, el pastor, para saber qué era lo que ella quería decir con tanta urgencia, ya estábamos todos con Mamá Carmen y entonces contó: "María, vi a los ángeles en el templo en una gran visión. Estaban andando por todo el lugar con cintas en colores y volaban de un lado a otro, cantaban y adoraban. Yo le pregunté por qué adornaban el templo y uno de ellos contestó: porque el señor Dios el Rey de Reyes y Señor de Señores ha dicho que viene a habitar".

Cuando el ángel terminó de hablar, según explicó, una cubrió el templo y todo empezó a temblar. Nosotros tuvimos que agarrarnos y glorificar a Dios, porque la tierra tembló al momento en que la pastora Carmen me dijo lo que había ocurrido.

Fue una noche que nunca olvidaré. ¡Mi vida cambió tanto! Para bien de mi alma fue una experiencia maravillosa. Estuvimos toda la noche sin dormir, esperando más de Dios en nuestras vidas. Gloria a Dios por su hermosa presencia.

Al día siguiente, mientras desayunábamos, recibimos la visita de un pastor que pertenecía a nuestro concilio. Este fue movido por el Espíritu Santo a conocer a los pastores Nova y Dios usó poderosamente con profesión a Mamá Carmen y le habló al pastor de su vida pasada y de su ministerio. Aquel pastor, conmovido, empezó a llorar y a confirmar todo lo que Dios le hablaba a través de su espíritu.

De repente sonó el teléfono. Carmen ya se encontraba en su habitación orando, entonces, Papá Nova tomó la llamada, que era justamente para él. Al atender, su voz se puso ronca y su rostro se empalideció. Luego, solo repetía: "¿Cómo se lo digo a Carmen?" Al verlo pararse y advertir la expresión de su rostro, le pregunté qué sucedía, presintiendo que no era nada bueno. Él me confirmó que era "una mala noticia". Habían matado a su hijo mayor en una isla donde residía. Lo acribillaron y lo tiraron por un monte. Hacía días que no sabían nada de él, pero naturalmente no esperaban semejante desenlace.

Le dije a Papá Nova que se quedara tranquilo, que yo me ocuparía de darle la noticia a la pastora. Mi corazón se llenó de tristeza pensando cómo decírselo, pero para mi sorpresa, cuando subí a la habitación y abrí la puerta, encontré a Mamá Carmen llorando. "Ya Dios me dijo lo que tú vienes a decirme. Mataron a mi hijo Eduardo", me manifestó.

Eduardo había sido un gran evangelista de los años 90. La abracé muy fuerte y lloré con ella. Decidimos aplazar el segundo día de la campaña, pues los Nova tuvieron que ir a ver el cuerpo de su hijo. Fueron momentos muy difíciles para ellos

Una semana más tarde había venido a visitarnos una integrante de nuestra congregación llamada Marisol de Castro. Estábamos a las 11:00 am conversando en el comedor, cuando mi esposo me hizo una seña y me dijo: "Mira Marianela, hay algo que se botó en el piso. Manda a la señora del servicio a sacarlo".

Yo de inmediato obedecí a su petición y llamé a nuestro servicio para que limpiara lo que estaba sucio. Ella procedió a limpiar, pero mi esposo volvió y me dijo que el piso continuaba sucio. Entonces le reclamé a la señora de la limpieza, llamada María, y ella me explicó que ya lo había limpiado y que no entendía cómo había vuelto a ensuciarse. Le pedí que repitiera la tarea.

Ella volvió y secó el piso, pero luego -una vez más- la mancha apareció. Parecía aceite. Creíamos que era algún líquido que se había caído por algún motivo. Desciframos al final que efectivamente era el aceite que los ángeles llevaron hasta Mamá Carmen. Tenía un aroma delicioso. Era el poder de Dios.

Al momento todo pasó y el Espíritu Santo nos llenó de su presencia. *¡Gloria a Dios!*

Luego subí a mi alcoba a recostarme un rato. De repente vi a mi hijo menor -a quien llamamos "Tito"- con sus prendas embarradas con algo rojo. Enseguida le pregunté por qué estaba sucio y cómo se había manchado de esa manera, ya que era una prenda nueva que le había regalado.

"No me ensucié de nada, me lo puse ahora", me respondió. Me paré de la cama para mostrarle que sí estaba sucio y al tocar la mancha, resultó ser el mismo aceite que antes habíamos encontrado en el piso de la sala, incluso con el mismo olor. *¡Aleluya!*

Dios vino en su espíritu y me tocó de nuevo. Gloria a Dios. No podía creer lo que estaba sucediendo, había ángeles dando evidencia de que estaban con nosotros y el ministerio de los ángeles se movía en nuestro hogar.

Unos 15 días después fui invitada a predicar en una campaña de damas por tres días. Fue glorioso lo que el Espíritu Santo hizo en esa campaña.

La hermana Madrigal, una mujer muy usada por Dios, fue la que me extendió la invitación, ya que en mi ministerio no solo predicaba, sino que también soy ministra del canto.

Al pasar el primer día fue increíble todo lo que se vivió. El segundo día también fue glorioso y el tercero me acompañaron mi hija Raquel y una joven de nuestra congregación llamada María. En un determinado momento me dieron el lugar para ministrar y entonces, de pronto, me sentí bajo una nube de gloria con mis ojos cerrados.

Hice un llamado al arrepentimiento y en ese momento sentí que un grupo de mujeres venía arriba mío y ellas empezaban a gritar y alabar a Dios. Luego me untaron algo graso en la cara y me dijeron: "Pastora, hay un charco o pozo de aceite a su lado". Cuando abrí mis ojos, la iglesia entera estaba encima mío y yo en el suelo asfixiándome con todas esas personas. Al lograr soltarme me di cuenta de que en el piso efectivamente había un pozo de aceite ungido del cielo. *¡Gloria a Dios!*

El Espíritu Santo mandó a sus ángeles a ungir en ese congreso o campaña. Ese acontecimiento salió en la radio y muchos quedaron impactados, aunque otros no creyeron. Le tomé temor a los comentarios negativos que algunas personas empezaron a decir sobre mí.

Le pedí a Dios que no pusieran ese gran ministerio en mí porque yo no me sentía preparada, pero a decir verdad estaba asustada y con miedo ante todas esas maravillas que estaban sucediendo en mi vida y la de mi familia.

La llegada de los Nova a nuestro hogar

La madrugada del martes tuve una guerra espiritual en mis sueños, donde vi el infierno abrir su boca y enviar a la tierra a miles de demonios. Estos empezaron a perseguirme y yo huía de ellos. Durante la persecución escuché la voz de Dios, que me dijo: "Marianela mira detrás de ti". Cuando lo hice, había millares de carros de ángeles que venían en mi ayuda y luego la voz de Dios agregó: "Marianela, son más lo que están contigo que los que vienen en tu contra".

La voz de Dios me dio fuerzas para pelear, saqué mis puños y empecé a golpear a los demonios con todo mi cuerpo. La lucha fue tan intensa que desperté dando trompadas y patadas en la cama y hasta golpeé a mi esposo sin querer.

Mi esposo me sacudió y me despertó. Le conté la gran experiencia que había tenido y él me dijo: "Dios trae algo grande para nuestras vidas". Eran las 8:00 am cuando decidí levantarme para hacer los quehaceres de la casa y organizar todo, porque ese mismo día, alrededor de las 10.30 am, llegarían los pastores Nova. Fui al supermercado a hacer las compras, cuando de repente escuché que mi celular sonaba. Para mi sorpresa era Papá Nova.

Lo saludé, feliz de escuchar su voz, pero mi corazón tembló al escucharle decir que habían tenido un accidente llegando a San Pedro de Macorís, en el este del país. Enseguida le pregunté si todos estaban bien, él me contestó -un poco alterado- que todo estaba bajo control.

Al vehículo se le habían pinchado las gomas y por poco se estrellan en la carretera, pero de repente –y de la nada- salió un hombre muy bien vestido de su vehículo y los ayudó a poner los repuestos. ¿De dónde salió ese señor que luego desapareció de sus vistas? ¿Cómo esos repuestos le sirvieron a la jeepeta, si no eran de la misma marca? Todo eso quedó sin explicación, pero luego Papá Nova me dijo: "Marianela, creo fielmente que Dios nos mandó un ángel ayudarnos. *¡Gloria a Dios!*".

Oré junto a él a través del teléfono. Todo estaba bien afortunadamente y más tarde de lo previsto lograron llegar a nuestro hogar, donde los recibimos con besos y abrazos, emocionados y agradecidos a Dios por tener a estos siervos amados con nosotros.

Nos sentamos a la mesa para almorzar, pero fue tanta la gloria de Dios que había en nosotros que empezamos a danzar y hablar en otras lenguas. Papá Nova decía que había una presencia muy grande con nosotros y no dejaba de hablaren lenguas.

En un momento le dijo a mi esposo que Dios le había mostrado que "no era lo que ellos llevaron, si no lo que ellos encontraron" en nuestra casa. "Aquí habita Dios mismo", dijo Papá Eduardo.

Luego Papá Nova nos manifestó: "Mi cuerpo está bajo la unción del Señor. Hay algo muy grande con ustedes, Marianela. Los ángeles se mudaron con ustedes. *¡Gloria a Dios!".*

Al sentir ese mover de la gloria de Dios, mi vecina Delsi Morales corrió a nuestra casa a ver lo que estaba pasando. Se regó la noticia de que los pastores estaban en el residencial Buena Vista y empezaron a llegar personas de todas partes, curiosos y a la vez deseosos de saber si era verdad que con ellos andaban los ángeles. Hubo una poderosa ministración desde las 6:00 pm y hasta las 4:00 am. Varias personas se quedaron en mi casa para ver si los ángeles descendían, pero no pasó nada. Todos estaban orando en el piso de la sala, cuando Mamá Carmen dijo: "María, mándalos a dormir a sus casas".

Les pedí a los hermanos que se fueran a descansar y volvieran más tarde. Ellos obedecieron y al salir a esa hora, las lámparas de hierro que están en el techo de la sala principal, el pasillo y la sala de estar se empezaron a mover solos, como si hubiera un fuerte viento.

Mamá Carmen empezó a reír y a orar. "Aquí están los ángeles, aquí están", decía.

Yo había subido a orar a mi habitación cuando escuché la voz de Mamá Carmen llamándome desde la sala principal de mi casa. De inmediato bajé y le pregunté si necesitaba algo. Ella me dijo: "María, Dios me mandó a decirte que te entregue al ministerio de los ángeles". Yo me asusté, pero recordé la primera vez, cuando Dios me lo mandó a decir tiempo atrás y por miedo no lo acepté. Seguí escuchándola y ella me hablaba de una visión que Dios le dio esa misma madrugada, en la que ella veía a muchos ángeles con instrumentos y mantos cantando y danzando con alegría. Le pregunté qué significaba esa fiesta y los ángeles le dijeron que "el Rey viene a habitar con los pastores, Alberto y Marianela, porque han sido encontrados aptos para su obra". "Él viene para habitar y bendecirlos a ellos, por eso estamos en júbilo", le dijo el ángel a Carmen de Nova.

"El Señor viene a habitar con su ministerio y los va a bendecir, no tengas miedo y recibe lo que Dios te mandó a dar, ya lo tienes en tu mano", me expresó Mamá Carmen. Ella recibiólo que Dios me ha enviado y prometí hacer su voluntad.

Le pedí a la pastora Carmen Nova orar por mí y al Señor le pedí fuerzas, pues sabía de la gloria exquisita que era hacer su voluntad, aunque al mismo tiempo entendí la guerra que se estaba por armar entre ángeles y demonios por este gran ministerio que Dios puso en mis manos y las del pastor Alberto.

En la segunda noche vino un familiar muy allegado a nosotros y su esposa. Invitaron a Mamá Carmen a ir a dormir a su casa, pues querían honrarla y ser bendecidos por estos pastores de Dios, pero cerca de las 10:00 pm la pareja se dio cuenta de que habían olvidado el aceite ungido. La hermana se acercó a mí y me dijo: "Ay pastora, se les olvidó el aceite a los pastores. No me van a ungir la casa". Yo sonreí y les dije que esperaran hasta que amaneciera para llevárselo.

Nos fuimos y los dejamos cómodamente descansando en casa de nuestros hermanos en la fe, que fueron muy amables con ellos. Al día siguiente fuimos a buscar a los pastores al residencial "Las Orquídeas", donde vivían nuestros queridos hermanos Karina y Ramoncito.

Una vez allí encontramos a los pastores tomando sol y comiendo frutas. Mamá Carmen parecía una reina acostada en un cheilon tomando fresco y sol. Le di un beso y un abrazo y a papá también, y nos sentamos a compartir las maravillas de Dios.

De repente, el pastor Alberto me miró como queriéndome decir algo y Mamá Carmen dijo: "Veo los ángeles, son tres, uno está barriendo la casa, hay otro que tiene una espada de fuego y está dando vueltas por toda la casa".

Empezamos todos a glorificar al Señor, cuando de repente ella me indicó: "Ven María, llévame a la habitación del matrimonio". Yo obedecí y la ayudé a levantarse. Al guiarla hacia la sala, el Espíritu Santo me arrebató y empecé a hablar en lenguas nuevas mientras llevaba a Mamá Carmen a la habitación de la pareja. Cerca del gavetero había un banquito donde la pastora quería sentarse, pues por ser obesa no podía caminar mucho. Le sugerí que tomara asiento cerca de la cama, lejos del espejo que está en el gavetero porque podría caerse, ya que el banco era muy pequeño.

Mientras estábamos en la habitación, me dijo: "María, comienza a ungir las paredes". Yo le respondí: "Pero pastora, yo no tengo aceite y a usted se le quedó el frasco en mi casa". Ella insistió: "No te preocupes María y toca las paredes". Al hacerlo, empecé a sentir que una llovizna me mojaba. Sin entender por dónde entraba el agua que alcanzaba a mojar la cama de los esposos, le dije: "Siento que me estoy mojando, pero no veo quién me echa el agua".

Ella, muy tranquila, me indicó que siguiera ungiendo. Cuando me dirigí hacia el espejo, a unos diez pasos, el cristal se llenó de aceite y yo me paralicé".

Mis rodillas empezaron a temblar y no podía discernir lo que estaba ocurriendo frente a mis ojos. La pastora me pidió ayuda para pararse y sentarse en la cama. Al hacerlo, me dijo: "María, llama a los dueños de la casa y dile que los ángeles han venido a bendecirlos de parte de Dios por haber creído".

Inmediatamente los llamé y cuando entraron y vieron todo ese aceite comenzaron a llorar y se tiraron al piso dando gloria al Señor por acordarse de ellos. Todos estábamos bajo una gloriosa presencia espiritual. Empezamos a llamar a algunos de los amigos conocidos de la familia, los cuales fueron para ver lo que estaba ocurriendo en aquel lugar, sorprendidos y dudosos a la vez. Allí reinó la emoción de ver lo sobrenatural y estuvo presente la duda de muchos que comenzaron a preguntar cómo había sucedido esto.

Por otro lado, mi vecina Delsi salió a gran velocidad para ver lo que estaba pasando. Cuando entró a la habitación vio cómo los ángeles habían derramado aceite. Ella dijo: "Ahora me toca a mí".

Delsi es una joven mujer que estaba atravesando una terrible enfermedad de cáncer de mama. Había decidido entregar su vida a Cristo y se convirtió.

Es una fiel creyente, una mujer fuerte e inteligente con una gracia que solo Dios la puede dar. Doy gracias a Dios por ella.

Delsi decidió llevar a Mamá Carmen para que también bendijera su casa, pero en el camino, a bordo de un vehículo en el que la pastora iba sentada atrás, le dijo a mi vecina que "había un ángel en el bonete del auto". Sin más, cayó una cantidad fuerte de aceite de afuera del cristal hacia adentro, manchándole la cara y los brazos a Delsi, como así también el volante y el asiento delantero.

Mi vecina empezó a gritar y a llamar a la gente. Era una locura, por poco choca debido a la velocidad en la que llegó bajo una euforia espiritual. Todos salimos a ver qué estaba ocurriendo, pero Delsi no dejaba de gritar y enseñar su cara, sus brazos y su vestido lleno de aceite del cielo. Aleluya. Los ángeles de Dios habían bendecido y ungido a la vecina Delsi Morales. Gloria a Dios por todos los vecinos que salieron a ver qué sucedía porque ella gritaba.

Muchas amistades le decían que se calmara. Otros estábamos tan llenos del poder del Espíritu Santo que no dejábamos de adorar a Dios. Llegó su esposo, quien no entendía nada de lo que estaba ocurriendo, y también su suegra.

Unos llorábamos, otros reíamos, era un momento de suspenso y gloria espiritual a la vez. Cuando esto le ocurrió a mi vecina, yo corrí hasta mi casa y Mamá Carmen estaba sentada en la sala. Al entrar, le dije: "Ahora me toca a mí, porque yo los traje a este lugar para que bendigan mi casa y congregación". Empecé entonces a llamar al ángel de Jehová. "Ahora me toca a mí -le decía- vengan a bendecirme, porque si no, me voy a emburujar contigo como hizo Jacob. Vengan a bendecirme". De repente, Mamá Carmen hizo un gesto de asombro y llamó por sus nombres a tres personajes.

Su nieto, que estaba allí también, le dijo sorprendido: "Abuela, ¿ellos volvieron? Hacía más de siete años que no venían". Ella dijo sus nombres y por encima de mi cabeza empezó a caer aceite del cielo que llenó el espejo de la sala, luego cayó en la repisa y todo el piso se llenó de aceite. Era una nube que rebosaba de aceite del cielo. Mi hijo se lanzó del primer piso para grabarlo y emocionado podía ver cómo caía en todas las salas de la casa. Todos estábamos bajo la presencia de

Dios e incluso algunos vecinos corrieron y se maravillaron al ver lo que sucedía.

La partida de los pastores Nova

Lo que sucedió aquel día fue una experiencia inolvidable. Algunos se preguntaban si era verdad lo que estaba pasando. Yo solo sé que fue totalmente real ese mover y derramamiento de aceite. En mi casa había más de seis testigos además de los vecinos que llegaban para escuchar el alboroto que había al sentir la presencia de Dios entre alegría y lágrimas. Se acercaron también fiscales, abogados y millonarios; gente de todas las clases sociales, para ver lo que Dios estaba haciendo a través de sus ángeles. Allí estuvo mi madre, Doña Milagros De La Cruz Franco, quien fue testigo ocular, pues a ella le echaron aceite al frente de donde estaba parada mi prima Meledis De León, quien también pudo presenciar lo que Dios estaba haciendo. *¡Gloria a Dios!*

Vivimos momentos de mucha gloria. Nunca habíamos tenido tantas personas reunidas en un mismo sentir. Todos estábamos deseosos de ver milagros y maravillas. Era evidente el poder de Dios y la presencia celestial que portaban esos pastores y que aún porta la pastora Carmen de Nova.

Esa noche fue inolvidable para todo el que la vivió. Los ángeles se hicieron presentes y el Espíritu Santo hizo maravillas, sanidades y múltiples actos de salvación y liberación.

Muchas personas fueron sanadas, otros fueron liberados de espíritus malos. Tuvimos que terminar el servicio aproximadamente a las 8:00 am. Era tanta la fe que emanaba de los presentes que abrió una gran atmósfera espiritual.

***

"Porque donde están dos o tres reunidos en mi nombre, allí estoy yoen medio de ellos"

(Mateo 18:20)

***

Muchas personas empezaron a amanecer en el templo. Dios los visitó al llegar el día siguiente, cuando ya era hora de que los pastores partieran hacia su pueblo natal, Don Gregorio. Nos despedimos, lloramos y reímos por lo maravilloso que fue haberlos tenido con nosotros.

Ellos fueron escogidos por Dios para cargar con la enorme responsabilidad de representar a un ministerio de esa magnitud. *¡A Dios sea la gloria!*

Al llegar a su casa, el pastor Eduardo Nova me hizo una llamada para notificar que habían llegado bien y, al mismo tiempo, para decirme que los ángeles de Dios le habían llenado el vehículo de aceite por todos lados.

Qué gran gozo sentí al escuchar al pastor cuando me dijo: "María, los ángeles se mudaron con ustedes para La Romana, porque lo que se desató allá en pocos lugares ellos lo han hecho". Yo le contesté: *"¡Gloria a Dios!"*.

Mis primeras experiencias personales

Mi primera experiencia con ángeles sucedió un día del año 2014 a las 11.00 am. Mientras cenaba escuché ruidos en la sala de mi casa y sentí una mala sensación de espíritus malos que estaban moviéndose esa noche por el pequeño pueblo donde vivíamos.

Inmediatamente dejé lo que estaba haciendo, me puse a orar y con voz de autoridad empecé a reprender los malos espíritus. Mi esposo, al escucharme orar de esa manera, me llamó la atención y me dijo: "Creo que, si este hogar sirve a Dios, el diablo no puede entrar. Pídele a Dios que te abra los ojos para que veas que él rodea nuestra casa con ángeles. Aquí no puede entrar ningún demonio".

Me sentí un poco avergonzada y creí que mi esposo no me creía, hasta que lo reté y le dije: "Pues si es verdad que los ángeles rodean esta casa yo quiero que Dios me muestre. Ve a dormir porque yo voy a amanecer orando para que Dios me muestre sus ángeles". Luego me arrodille delante de mi cama esa misma noche mientras mi esposo dormía.

Yo oraba en una profunda comunión con el Padre y le rogaba que por favor quitara de mí las imágenes de los demonios y me pusiera colirio para ver sus ángeles.

De repente me vi acostada en mi cama. No sé cómo ni quién me acostó, pero ahí estaba. En un éxtasis escuché la voz de Dios que me llamaba por mi ventana, que estaba abierta al lado de mi cabecera, y mencionó tres veces mi nombre: "Marianela, Marianela, Marianela, sal de tu cama y ven a la ventana que te voy a mostrar lo que has pedido".

Rápidamente me levanté y le dije al Señor: "Heme aquí, ¿qué quieres mostrarme?" La voz de Dios, con sonido de aguas estruendosas, me dijo: "Mira a tu izquierda".

Cuando volví mi rostro, a mi izquierda había un ángel de hermoso parecer vestido con una bata blanca. En su pecho tenía adornos tejidos en azul terciopelo bordados de oro y una cinta de oro. Estaba descalzo y sus alas eran muy grandes y blancas como la lana. Su altura era de aproximadamente 12 pies y tenía una gran espada. Entre sus manos sostenía un manojo de oro. Yo le pedí a Dios poder tocarlo para que luego la gente pudiera creer lo que estaba viviendo. Y el Señor me dijo: "Tócalo". Gloria a Dios. Metí mis manos y toqué sus alas. Fue una experiencia y una sensación tan gloriosa que empecé a danzar en el espíritu y me elevé tres metros de donde yo estaba.

Uno de los ejemplos bíblicos más poderosos que tenemos acerca de los ángeles, consta en Nehemías 9:6: *"Tú solo eres Señor; tú hiciste los cielos, los cielos de los cielos y todo su ejército, la tierra y todo lo que hay en ella, los mares y todo lo que en ellos hay. Tu sostienes con vida a todos los ejércitos de los cielos"*. Otro de ellos, aparece en el Salmo 103:20: *"Bendiga al Señor, ustedes sus poderosos ángeles que ejecutan su palabra obedeciendo lavoz de ella"*.

¿Puede un creyente ver ángeles?

Los ángeles son seres creados para el servicio y la alabanza de Dios y Cristo, pero también para el servicio y la protección del creyente. Durante mucho tiempo hemos estado escuchando testimonios de personas que aseguran haber visto estos seres espirituales tanto en el Antiguo Testamento como en el Nuevo Testamento. Profetas y apóstoles fueron visitados por ángeles del Señor llevando encomiendas y mensajes de parte de Dios.

También existen hombres que tienen ministerio ante quienes los ángeles se le han presentado, mientras que en otros casos los ángeles van en su defensa para protegerlos del mal y el peligro.

Como sucedió con Daniel en el foso de los leones, también lo hará contigo y conmigo:

***

"Mi Dios envió su ángel, el cual cerró la boca de los leones para que no me hicieran daño porque delante de él he sido hallado inocente"

(Daniel 6:22)

"Pero un ángel del Señor abrió de noche la puerta de la cárcel y al conducirlo fuera dijo: vayan y de pie en el templo comuniquen todos sobre esta nueva vida".

(Hechos 5:19-20)

***

Hemos hablado por muchos años de los pastores Eduardo y Carmen de Nova, quienes tienen bajo su cargo más de cien iglesias. Ellos han sido llamados como responsables uno de los ministerios más fuertes y de gran bendición para todos los que han anhelado los milagros de Dios, llevando el evangelio puro y santo a todas partes del mundo.

Lo han hecho a través del ministerio de los ángeles de Dios, que trae aceite del cielo. Se trata de un templo en el que desde que se entra hay un perfume sobrenatural que nos envuelve en un ambiente espiritual de sanidad y poder.

Estos dos pastores de Dios tienen un testimonio de vida impresionante ellos han tenido contacto directo con el cielo. Ella ha sido llevada diez veces al cielo, donde Dios le ha mostrado cosas inefables.

Siempre que tenemos la oportunidad vamos a visitarla y es de un inmenso placer para nosotros poder escuchar tantas cosas hermosas que ha vivido. Hoy solo queda la pastora, pues el pastor ya falleció en el año 2020.

Una gran cantidad de personas de todas partes viaja para visitarla. Muchos han llegado enfermos y han salido sanados por la unción tan grande que porta la pastora Carmen de Nova, ungiendo polvo de oro y plata. Alabado sea Dios por sus ángeles. Desde entonces, en mi casa no para de caer aceite del cielo ungido y en la iglesia también.

Ella nos ha hablado del ángel Gabriel y de otros ángeles como Crionis, y de otros dos más llamados Combulario y Sipriano. Éstos están de tiempo en tiempo visitándola, igual que el día que ellos fueron a nuestra casa en la ciudad de la Romana. Allí, en nuestro humilde hogar, estábamos reunidos en la sala y yo le dije al Señor que hasta que no me bendijera yo no lo iba a soltar. Al momento se presentaron estos seres de Dios y llenaron la casa de aceite.

¿Puede Dios manifestarse a través de sus ángeles?

El señor Dios todopoderoso puede manifestarse de la manera que él quiere. En Salmos 115:3 leemos: *"Durante siglos de Dios se le ha revelado al hombre de diversas maneras que muchos consideran extrañas".*

En el Antiguo Testamento Dios habló a través de una salsa que no se consumía (Éxodo 3:4), haciendo referencia a *"una columna de fuego en el desierto"* y (Éxodo13:21) y a *"una nube que cubría una montaña".*

Porque amaban a Dios y caminaron con Dios a Daniel, Dios le mandó respuesta a través del ángel Gabriel y otro arcángel, Miguel. Peleó contra el príncipe de Persia, que eran un principado de Demonios y lo venció.

En la palabra de Dios, los ángeles son mencionados aproximadamente 300 veces en total y algunos son casos específicos en donde los ángeles interactuaron con los humanos. Dios tiene un cuidado especial para nosotros, ya que él está pendiente de nuestras necesidades.

A través de un profundo estudio de la palabra de Dios, sabremos que este Jesús de Nazaret resucitado era en verdad el mesías que habían esperado por mucho tiempo notaron que solo fue a través de la escritura que estuvieron dispuestos a ser persuadidos.

Esa debería ser también nuestra prueba de fuego de que Dios se manifiesta también a través de sus enviados.

Podemos leer en Juan 4:1, *"probad los espíritus si son de Dios porque muchos falsos profetas han salido por el mundo para engañar".*

***

"Dios se revela a nosotros todos los días y de manera sobrenatural "porque las cosas invisibles de él su eterno poder y deidad se hacen claramente visibles desde la creación del mundo siendo entendida por medios de las cosas hechas de modo que no tienen excusa"

(Romano 1:20)

***

No podemos negar la gloria y el gran poder del señor Dios todopoderoso, como así tampoco podemos juzgar si no es por el espíritu, porque lo espiritual se les muestra a los espirituales y hubo hombres de Dios que vivieron experiencias sobrenaturales.

Marianela De León

SEGUNDA PARTE

VISITAS DE LOS ÁNGELES

Profecías cumplidas dichas por el pastor

Para el mes de marzo del año 2019, en medio de unos gloriosos retiros que se hacen todos los días martes, el pastor de nuestra congregación, Juan Alberto Belliard, empezó a profetizar dirigido por el Espíritu Santo. Declaró cosas grandes que iban a ocurrir de parte de Dios en nuestras reuniones espirituales.

En poco tiempo hemos visto el poder de Dios moviéndose grandemente, con señales y maravillas, como personas parándose de sillas de ruedas, sanándose de cáncer, lepra y VIH/Sida; mujeres en estado de esterilidad con diagnóstico confirmados que Dios ha sanado y les ha permitido tener niños -incluso gemelos- preciosos y en sanidad; hemos visto a niños con problemas en estado vegetativo que fueron sanados por el poder del Espíritu Santo. Gloria a Dios por todas las sanidades. También personas sin empleo han venido a nuestros servicios y a muchos de ellos el mismo Dios les permitió ser llamados por empresas para darles trabajo.

Otros resultaron bendecidos con depósitos en sus cuentas bancarias y cancelaciones de deuda sin saber quién les ha depositado. Damos gloria a Dios, porque solo él pudo hacerlo tocando a sus representantes.

Hemos visto a su vez a mujeres que vinieron con quistes ováricos o fibromas y los expulsaron en el baño de la iglesia luego de orar. Otras llegaron con sangrados fuertes a causa de los fibromas. El Señor desbarataba los fibromas en el vientre de aquellas mujeres y se desnaturalizan embarazos. Dios ha sanado a personas que estaban a punto de morir, en terapia intensiva, y hoy están testificando las grandezas de Dios.

Tuvimos también matrimonios restaurados, compromisos confirmados, personas que no tenían cosas y Dios se las dio, por ejemplo, autos y empresas. A muchos los ayudó a incrementar su fe y hoy han vuelto a levantarse.

Muchas naciones han venido a nuestra congregación, gente de Chile, Ecuador, Argentina, Venezuela, México, El Salvador y también de Europa. *Santo es el Señor*. Todos han sido ministrados y salieron llenos del poder del Espíritu Santo, porque Dios está donde lo llaman y lo buscan de corazón. Son incontables y maravillosas las cosas que Dios está haciendo a través del ministerio de la iglesia "La novia deCristo".

En medio de este sensacional encuentro con lo sobrenatural, estamos viviendo momentos inolvidablemente maravillosos. Todos los servicios se están dando bajo una poderosa presencia, como si el cielo estuviera abrazando a la tierra con una unción sobrenatural. La palabra dicha por el pastor y profesor Juan Alberto Belliard se está cumpliendo al pie de la letra.

La gloria es de Dios.

***

"Y sucederá que después de esto derramaré de mi espíritu sobre toda carne y vuestros hijos y vuestras hijas profetizarán; vuestros ancianos soñarán sueños y vuestros jóvenes verán visiones"

(Joel 2:28)

***

Con todo lo que estaba sucediendo no se hizo tardar la noticia de que Dios estaba haciendo milagros, prodigios y maravillas en una iglesia pequeñita de dos pastores que no tenían mucho renombre, pero portaban la unción de los últimos tiempos.

Humildes pero llenos de gloria a Dios, a estos pastores Dios empezó a mostrarles el cielo. Una perfecta alianza entre el cielo y la tierra, donde Dios habla y sus hijos oyen.

He viajado a muchos países, tanto sola como con mi esposo, y puedo decir que mi identidad es llevar en alto el nombre de mi Cristo, predicar esta bendita palabra sin precio y siendo recompensada con su gracia. Dios es y ha sido bueno con nosotros. En un momento sentí de parte de Dios ayudar más a mi esposo en el pastoreado y cancelar por un tiempo los viajes misioneros para dedicarme más a la obra y a mis hermanos de la iglesia. Desde ese entonces he sentido un juego apasionado por las almas, tanto así que tenemos una plataforma radial para predicar la palabra.

A través de esto y muchas cosas más, Dios ha traído un gran avivamiento a nuestra iglesia local, donde somos visitados por el cielo todos los días. Hemos visto cosas maravillosas que representan el cielo. *¡Aleluya!* Todo empezó con esta maravillosa historia real del año 2019.

Ahora quiero que prestes mucha atención a lo que vas a leer. Espero que sea de mucha bendición, sanidad y restauración para tu vida.

Dios nos llenaba de experiencias de unción, revelación, sueños, visiones y profecías en nuestro ministerio, que está formado no solo por los pastores, sino también por hombres y mujeres de Dios que portan la unción; trompetas y guerreros de Dios que interceden día y noche por nuestro ministerio.

Se nos ocurrió invitar, después de más de ocho años, a los pastores Eduardo y Carmen de Nova, gente realmente muy ocupada. Era casi imposible que nos dijeran que sí, pero oramos fervientemente a Dios y él nos concedió que los esposos Nova confirmaran que estarían con nosotros para la fecha que le solicitamos.

Fue tanta la alegría que todo el pueblo se alegró y decían "Vienen los Nova, los pastores del ministerio de los ángeles y el aceite del cielo". Empezamos a regar la voz por medio de comunicados e invitaciones que hicimos a personas conocidas, gracias a las viejas generaciones, y ellos daban testimonios de que este ministerio es de Dios. Los jóvenes también estaban felices al saber que estos siervos de Dios eran tan usados por él.

Una noche antes, todos estábamos a la espera y organizándolo todo. Dios nos había llevado a vivir en un lugar muy reconocido por personas influyentes.

En ese momento de mudanza, fielmente creí que Dios nos sacó de nuestra casa porque el polvo me estaba dañando los pulmones y el doctor recomendó salir de mi lugar. Tras escuchar al doctor y primeramente la voz de Dios, salimos del pueblo para el residencial llamado Buena Vista Norte.

Dios nos proveyó una hermosa casa donde no fue fácil vivir al principio, pues dos personas que vivían antes ahí practicaban la hechicería y el vudú, aunque Dios nos dio la victoria y los demonios tuvieron que desalojar el lugar. Sin embargo, ante nuestra presencia, había noches en las que mientras cenábamos se presentaban demonios.

Afortunadamente pude vencerlos a todos y echarlos fuera. Gloria a Dios por esa voz limpia. Tras eso, en la casa comencé a sentir paz y la gloria del Señor se percibía poderosa. Había desaparecido la presencia diabólica y ahora sentíamos a Dios en nuestro nuevo hogar.

De inmediato conocí a algunos de los vecinos del residencial, personas muy gratas y afables, como los esposos Rijos Acosta, la familia Morales, Delsi y su esposo -cariñosamente Chichi"-, su hija Miranda y Lía. Había hermosas familias y vecinos viviendo en ese residencial. Al conocer a Delsi mi corazón se enlazó al de ella y aprendí a amarla como a mi propia hija.

También estaba Danilda, una mujer con hermosas cualidades y un ser humano como pocas en la tierra, muy amada, con quien también me encariñé como si fuéramos una sola familia. Allí empezó todo nuestro mover de los ángeles.

Experiencias en mi hogar

Después de la partida de los Nova, muchísima más gente siguió visitando nuestra casa, por lo que mi esposo y yo nos pusimos de acuerdo para hacer unos tabernáculos en nuestro hogar. Cada día llegaban personas de toda la región este del país, muchos conocidos y otros por conocer.

Este tabernáculo tuvo una gran acogida por el cielo, ya que en el lugar donde vivíamos no podía haber otro lugar donde adorar a Dios, porque la iglesia católica tiene

-o tenía- un imperio donde solo ellos podían tener iglesia, pero no permitían otras denominaciones. Sin embargo, Dios abrió paso y quitó los impedimentos. Así pudimos ofrecer gloriosos tabernáculos que son el cielo en la tierra.

En este lugar muchas personas se convirtieron. Otras fueron liberadas de traumas del pasado, como desórdenes de personalidad; ataduras que fueron rotas; mujeres que no podían tener hijos, oramos y hoy tienen sus hijos; y otros que no tenían empleo consiguieron. La oración permitió también sanar enfermedades, como el cáncer y fibromas. Muchas de estas personas han dado su testimonio y los conoceremos más adelante en este mismo libro.

Realmente han sucedido cosas maravillosas. Un viernes estábamos orando y el pastor empezó a llorar con gemidos indecibles. Le pregunté: "¿Qué te pasa, te sientes mal?" Pero él no podía expresar palabra, estaba muy conmocionado. Le insistí hasta que pudo hablar y bajo llanto me contó que tuvo una visión maravillosa donde se encontraba en un supermercado y estaba con él un personaje muy elegante, de un porte sobrenatural, al que mi esposo le preguntó por qué muchas de las personas que lo veían gritaban y otros se admiraban. El personaje le respondió: "Porque ha sido enviado solo a ti". El pastor Alberto cuenta que sus ojos eran hermosos y azules, y que transmitía mucha mientras caminaban y hablaban. Al terminar la visión, mi esposo parecía un niño llorando en oración.

Al terminar de contarme, de repente un rayo de luz iluminó la sala donde estábamos. Fue asombroso. Algunas de los presentes empezaron a decir alabanzas, otros me pusieron la mano en la cabeza y una hermana testificó que vio una bola luminosa parecida a un "pompón" que entró por la puerta principal. Todos pudimos ver esa tarde a un ángel como un rayo descender.

¡Pasaron tantas cosas maravillosas! Con derramamiento de aceite todas las noches los ángeles marcaban las puertas con aceite. Hasta el día de hoy mi casa está ungida.

Empezó a haber testimonios de las personas que iban a los tabernáculos. Una joven llamada Madelin, madre de tres hermosos hijos, al llegar a su casa después del tabernáculo abrió la puerta y notó que de todas las paredes de su casa botaba aceite perfumado y un brillo como oro apareció en su pared. Ella comenzó a gritar porque no podía creer que los ángeles habían visitado su casa, pues era algo que ella anhelaba. Esa noche, antes de irse, le profeticé que los ángeles la visitan en su casa para que su fe sea aumentada y así ocurrió: los ángeles ungieron su casa. Esto fue de gran emoción para sus hijos y familiares.

A otra joven le profeticé que venían cosas sobrenaturales a su casa y al llegar abrió la puerta de su habitación y encontró que sus zapatos estaban volando en el aire. Al ver esto sintió miedo y se abrazó a su niña, quien estaba muy asustada porque no comprendía lo que estaba pasando. Muchas personas fueron visitadas con evidencias de derramamiento de aceite, polvo de oro y otros enfocaron ángeles con cámaras puestas en sus casas.

Mi vecina Delsi fue una de las más agraciadas. Fue la primera a quien llenaron de polvo de oro fino -y otros colores- las sillas del comedor, la de la niña y un asiento del esposo, que quedó cubierto de polvo de plata.

Testimonios de experiencias con ángeles

En nuestra casa y en la iglesia

En 2021 a nuestro hijo Jesús Alberto Belliard tuvieron que intervenirlo quirúrgicamente por un quiste pilonidal. Fue una cirugía grande y profunda, tras la cual debía dormir boca abajo y no pudo sentarse por tres meses. Al salir del hospital y volver a la casa, lo acostamos en su habitación y empezamos a cuidarlo.

Teníamos que estar presentes para evitar que pudiera lastimarse. Fue un proceso agotador. En un momento me sentí tan cansada, que decidí ir a recostarme a mi habitación para descansar un rato. Sin embargo, me quedé dormida hasta muy tarde en la madrugada, hasta que me desperté sobresaltada y fui a ver a mi hijo para ver si todo estaba bien.

Cuando abrí la puerta de la habitación, vi a un ángel a su lado, a la derecha de la cama. Observaba a mi hijo, que dormía profundamente. Mi impresión ante esta imagen fue tan fuerte que me quedé sin aliento. Luego noté que donde estaba parado el ángel había mucho polvo de oro, tanto que podía recogerse con las manos.

Enseguida desperté a mi hijo y le hablé de lo que había visto. Cogí un poco del polvo de oro, se lo mostré y él me dijo: "Mami, el ángel me estuvo cuidando mientras tú descansabas, pues ellos habitan con nosotros". Lo miré y asentí. Para la misma fecha, en 2021, mi hijo pequeño tuvo su primera experiencia nítida con ángeles en la casa.

Habla el joven José Alberto Belliard:

Eran las doce de la noche cuando estaba en el baño escuchando una adoración. De repente sentí unos pasos y pensé que era uno de mis padres, por lo que me quedé tranquilo. Luego sentí que abrió la nevera, pero la cerró muy fuerte, entonces me asusté y empecé a llamar a mi madre pensando que era ella, pero nadie respondió. Decidí salir del baño, pero vi todo normal.

Al subir a la habitación de mis padres, encontré a toda la familia reunida orando en nuestros cultos de altar. Yo pregunté si alguno de ellos había bajado a la sala y todos me respondieron que no. Empecé a sudar frío, pues no comprendía. Al instante vi detrás de mi papá a un personaje con bata y túnica blanca.

Empecé a gritar como un loco: "¡Papi, está detrás de ti!". Mis nervios se descontrolaron y no paraba de repetir: "¡Está ahí, es un ángel!".

Mi papá me abrazó fuerte y me dijo: "Lo sé, sé que está detrásde mí". Yo estaba a punto de sufrir un desmayo, pero los brazos de mi padre me sujetaron con fuerza y no me dejó caer. Gloria a Dios.

Nunca olvidaré esa maravillosa experiencia que ha marcado mi vida y ha reafirmado mi fe en Dios.

***

De tantas cosas que estaban pasando en nuestro hogar, mi hija Jazheel Raquel Belliard también cuenta su experiencia con ángeles:

Habla Jazheel:

Yo estaba deseosa de saber si era verdad que mis hermanos habían tenido experiencias con ángeles. Esa noche en oración le pedí al Señor que me mostrara sus ángeles. Era una oración creyendo que Dios me lo iba a conceder. Al terminar de orar, me acosté en mi cama, no sé con exactitud qué hora era, pero sabía que ya era de madrugada. De pronto sentí que me bajaron de la cama, como si un humano se hubiese sentado en ella. Tomó uno de mis pies y lo sacó fuera de la cama. Lejos de sentir miedo o pánico, puedo dar testimonio de que la sensación que experimenté fue de mucha paz.

Habla Josander:

Habíamos planeado hacer una campaña evangelista con un joven predicador de un gran testimonio llamado Josander y lo invitamos a posar en nuestra casa. Junto a otro joven que anda en el ministerio con él, esa noche estábamos en una habitación, cuando el joven predicador pidió que le llevaran agua para tomar, pues sentía mucha sed. La señora misionera, llamada Miledys de León, quien es mi familiar, se encontraba esos días en mi casa ayudándome con el servicio de los siervos de Dios. De inmediato llenó una jarra de agua y se la pasó al joven predicador.

El muchacho se tomó toda el agua la misma noche. Junto a su compañero de ministerio, al amanecer y despertar notó que insólitamente la jarra de agua estaba llena hasta arriba y que había un vaso al lado de su cama.

Asombrado, le preguntó a su compañero si había pedido agua también, pero este le respondió que no, que se había dormido sin despertar hasta entonces. Lleno de curiosidad, Josander le preguntó a Doña Miledys si ella había entrado durante la madrugada a la habitación para llevar agua. "No, yo no fui, no acostumbro a entrar a una habitación donde hay hombres y mucho menos sin llamarlos primero", contestó ella.

Luego Josander le preguntó al pastor si él había sido quien llevó el agua, pero éste también le dijo que no. Como última opción me consultó a mí: "Marianela, ¿usted fue hasta la habitación y nos llevó agua?" Le di la misma respuesta, que no había sido yo.

Maravillado, el joven me dijo: "Pastora, no se asuste, porque nosotros nos bebimos toda el agua que pedimos anoche, no dejamos nada y ahora que despierto veo el jarrón lleno de agua, con un vaso al lado. Lo más curioso es que la puerta de la habitación donde estamos durmiendo tenía seguro, es decir, nadie podía entrar".

Yo le sonreí junto a dos vecinas que estaban conmigo en ese momento y le contesté: "No te asustes, tú fuiste bendecido por ángeles que habitan en mi casa. Uno de ellos te puso el agua y el vaso. Tú habías dicho que de noche te daba mucha sed, ellos te escucharon y te llevaron agua para que tomaras toda la noche".

El joven cayó de rodillas alabando a Dios, me pidió que orara por él y así lo hice. Oré por él y el Espíritu Santo me dio palabras proféticas para él, diciéndole que iba a ser usado por Dios con señales y maravillas, ministrando en lo sobrenatural.

Así, en la primera noche de la campaña su rostro estaba lleno de polvo de oro, brillaba como el oro su boca y su mano.

En el templo había muchas personas de distintos sitios de la ciudad de La Romana. Todos quedaron maravillados al ver con sus ojos lo que sucedía.

El joven predicador me llamó al altar para ministrar al pueblo junto a él. Al estar orando en el altar me di cuenta de que una lluvia de aceite estaba cayendo sobre mí. Empecé a gritar en voz alta una y otra vez: "Me está cayendo aceite del cielo". Luego miré a los presentes y descubrí que todo el pueblo estaba bajo una gloria celestial.

Había una unción tan fresca que todos fueron cubiertos por polvo de oro y aceite ungido. De mi boca salía una adoración celestial al Dios altísimo y un profundo agradecimiento por enviar a sus ángeles a través de su santo espíritu para bendecir al pueblo y llevar sanidad, liberación y salvación. Esa gloriosa noche dos personas no se querían ir, pues no querían que terminara el servicio ante tanta gloria y unción que teníamos. Alabado sea el señor. Era la primera noche de campaña evangelista. De inmediato se regó la voz de los milagros y maravillas que Dios estaba haciendo a través del Espíritu Santo y los ángeles de Dios.

***

Todas las noches era un lleno total. Incluso afuera del templo estaba lleno de gente con sed de Dios y curiosidad por saber si era verdad lo que otros hablaban acerca de los ángeles. Durante esas tres noches hubo muchísimos testimonios de personas que fueron sanadas, salvadas y liberadas. Un joven paralítico con sus piernas llenas de clavos fue en silla de ruedas logró pararse y sanar. Gloria a Dios por su sanidad.

También una joven con cáncer terminal fue sanada. Los médicos estaban totalmente sorprendidos, ya que ella había sido entregada para morir, pero sus familiares decidieron llevarla a la iglesia y casa de adoración "La novia de cristo".En la campaña oramos por ella, el pastor la ungió con aceite del cielo y fue sana.

Existen muchos testimonios más de personas que vinieron a la campaña desde el extranjero y tuvieron su milagro. Quizás en un próximo libro ellas también puedan compartir sus experiencias, pues son cuantiosos los testimonios de lo que Dios ha hecho a través del Espíritu Santo y sus ángeles.

Por ahora, cabe decir que Dios sigue haciendo grandes maravillas, sanidades, liberación de demonios y salvación de las almas. Son muchos los que han entregado sus vidas a Cristo y dan testimonio de que el cielo es real y que los ángeles existen.

Manifestaciones de ángeles en nuestro templo

Por qué han sucedido todas estas manifestaciones es algo que Dios no ha revelado aún. En una oportunidad estuvimos durante una semana dando servicio y todos los días la gente no cesaba de venir para ser ministrados y ungidos con aceite del cielo. Cada día había manifestaciones poderosas del poder de Dios y todo aquel que iba en busca de Dios lo hallaba y lo sentía. Hasta el día de hoy su poder se hace visible en nosotros.

Dios nos ha elegido en este tiempo para manifestar su gloria y voluntad a través de manifestaciones de ángeles que descienden a nuestra congregación y traen aceite ungido del cielo con un perfume de olor exquisitamente maravilloso. El altar de nuestro templo amanece lleno de ese aceite, como así también las paredes y los bancos y hasta las banderas que representan las naciones, todas menos una que nunca han ungido.

Jesús dijo: "Y estas señales seguirán a los que creen".

Hay personas que no creen en lo sobrenatural de Dios. Son excelentes predicadores y sus sermones son elocuentes, pero no tienen demostración del poder de Dios y Pablo el apóstol afirma que este evangelio tiene que ser predicado con demostración de poder, no con vanos palabreríos.

Cuando Jesús estuvo en la tierra hizo muchos milagros: sanó leprosos y manos secas, levantó paralíticos, dio vista a ciegos, sanó yugos de sangres, sanó a una mujer escolbada, alimentó a más de 5.000 personas hambrientas, cambió la actitud de un ladrón a un hombre justo y muchos más milagros.

Nosotros estamos llamados para hacer cosas mayores de las que él hizo. Él nos dio el poder y la autoridad para hacerlo, no tenemos por qué limitarnos por la poca fe de muchas personas que son incrédulas y suelen ser obstáculo para que la obra de Dios se detenga. Pero para este tiempo, Dios nos ha escogido para hablar de amor, poder y misericordia sin temor a nada.

Hemos sido perseguidos, calumniados y difamados por hablar de las maravillas de Dios en nuestra pequeña iglesia, donde grandemente Dios se está manifestando, no por ser los mejores ni los más santos, sino por su gran misericordia nos ha elegido para mostrar el cielo en la tierra.

Somos verdaderos testigos del poder de nuestro Señor Jesucristo. Él se manifiesta con nosotros y su Santo Espíritu nos rebosa con su presencia y poder trayendo ángeles ministradores que traen aceite y polvo en colores, oro, plata y distintos colores, como el azul, verde, rosado, rojo carmesí y amarillo.

Testimonio de la hermana Mirla:

Un día miércoles había decidido entrar a retirarme en laiglesia o en el templo para ayunar a Dios desde las 6:00 am y hasta las 3:00 pm. La joven llamada Mirla Vargas me fue a buscar al templo para que fuera a su casa a almorzar con ella. Ese día ella fue muy gentil al cocinar para mí. Preparó la comida que a mí me gustay estaba feliz de servirme. Ella me sirvió arroz con pollo y un jugo de lechosa o papaya. Yo estaba feliz al ver que ella se había esmerado para que yo me alimentara, pues estaba un poco débil.

Mientras almorzaba, sentí un ruido fuerte en la casa, como si algo chocara con una hoja sin que fuera muy ruidoso. Le pregunté a la joven si había escuchado algo. Ella me dijo que sí, pero al no pasar nada más en ese momento, nos quedamos hablando.

Luego miré a la puerta principal de la sala y noté que estaba derramando mucho aceite. Después miramos hacia la otra puerta y sucedió exactamente lo mismo. El Espíritu Santo me hizo entender que había mandado a los ángeles a bendecir a la joven Mirla Vargas por haberse preocupado por mí y haber cocinado para que yo comiera.

¡Aleluya! Todas las puertas fueron ungidas ese día, dejando una señal como si fuera una mano, pero no era una mano normal, pues eran como cuatro dedos marcados y botando aceite. Empezamos a llamar a los hermanos de la congregación para que vieran cómo Dios mandó a visitar a Mirla Vargas.

Después de esto la hermana Mirla tuvo un encuentro con ángeles en la cámara de su teléfono. Ella pudo grabar un ángel que entró en su casa en la madrugada. El perro ladró una sola vez, lo que hizo que Mirla despertara, y cuando salió de la habitación allí estaba el ángel parado y acariciando al perro que cuidaba la casa. Ella se asustó, pero luego vio que el personaje estaba vestido de blanco, con una túnica en la cabeza del mismo color y se movía con delicadeza mientras de él salían muchos rayos de luz. Lo sorprendente es que él se dejó grabar por la hermana, permitiendo que ella viera todos sus movimientos en la casa. Las tres puertas estaban abiertas a esa hora de la madrugada. Ella temblaba, pero seguía grabando*.

* Esas grabaciones de video están en las redes sociales de la iglesia "Lanovia de Cristo" y en Youtube.

Testimonio de la hermana Sonia y su hermana Mari

Quiero compartir mi experiencia con los ángeles del Señor. Antes pensaba que no eran reales hasta que empecé a tener experiencias sorprendentes. Cuando empezó la manifestación del aceite y la del polvo de oro y de plata yo le decía al Espíritu Santo que quería verlo con mis propios ojos.

Saben, cuándo Eliseo le pidió a Elías que le diera la doble porción él le dijo "qué cosa grande has pedido", pero donde quiero llegar es que para ver lo sobrenatural lo primero es creer en lo que está pidiendo, es decir, tener fe en Dios. Decidí ponerme en vigilancia en el templo en ayuno y oración, porque allí los ángeles se manifiestan.

Luego, una madrugada estábamos un grupo de cinco hermanas. De repente escuché un ruido que me espantó. Cuando miré, a las 3:00 am, todas las puertas del templo estaban abiertas. Me llevé un tremendo susto, pues todos se habían dormido y los ángeles habían abierto todas las puertas del templo.

Mi segunda experiencia fue con la hermana Mari, quien estaba pasando por un proceso de pérdida de memoria o locura mental esquizofrénica.

Estaba completamente desquiciada y la teníamos en un cuartito de la casa amarrada porque estaba muy agresiva. La desesperación fue tan grande que mi casa se convirtió en un caos.

Un día le dije al Señor: "Padre, tú has traído ese aceite a través de tus ángeles para hacer milagros en tu nombre. Si es tu voluntad y está en tu propósito, unge a mi hermana y sánala de este doloroso estado de locura mental en el cual ella se encuentra".

Repetí aquella petición hasta que de tanto orar sin cesar, Dios escuchó mi clamor y descendieron ángeles a mi casa que llenaron de aceite ungido a mi hermana Mari. Tengo todas las evidencias de lo sucedido en videos y fotos de ese día.

Gracias a Dios mi hermana fue curada y liberada de todas esas legiones de demonios, todo gracias a la misericordia de Dios, pues Dios se manifiesta en aquellos que creen porque Él es el Dios de lo sobrenatural.

"Comencé a creer"

Testimonio

Había una joven que decía que era falso que los ángeles traían aceite. Sin embargo, una madrugada sintió nítidamente que alguien se paseaba en su casa. Asustada, se levantó y vio con sus propios ojos que había aceite y polvo de plata y oro encima de la mesa del comedor.

Al abrir la puerta principal de su casa encontró un pozo de aceite delante suyo. Luego vio que toda la ropita de su niña también estaba llena de polvo de oro.

Tras esta experiencia, la joven me envió un mensaje diciéndome que los ángeles habían visitado su casa. Me confesó que frente a esta vivencia comenzó a creer, pues sus puertas tenían rejas y candados, pero estos estaban intactos. Ningún humano pudo entrar, fueron los ángeles.

Un ángel libró a mi hermana de la muerte

En una ocasión, mi hermana mayor había sufrido un accidente. Una noche antes yo había soñado con ella y en el mismo sueño escuché la voz de Dios que me dijo: "Marianela, intercede por la vida de tu hermana". De inmediato me desperté y oré fervientemente por la vida de mi hermana. Ella era una oveja descarriada.

Pasé toda la mañana en el templo llorando por ella y pidiendo misericordia. Al acercarse la noche, estábamos adorando en el templo cuando llegó la noticia de que mi hermana había sufrido un grave accidente. Mi corazón quiso saltar de mi pecho, mis nervios se alteraron y lloré profundamente, hasta que se acercó a mí la pastora local del templo -llamado "La Elegida"- y con voz de autoridad me dijo: "Si Dios te llamó para que intercedas es porque, él la libró de algo peor. Todo va a salir bien, Dios tiene el control".

Al oír esas palabras de aliento mi fe se activó y comprendí que todo iba a estar bien. Era la 1:00 am cuando trajeron a mi hermana del hospital.

Fue sorprendente lo que pasó y el relato que ella nosdio fue el siguiente:

"Yo venía de la universidad, eran aproximadamente las 11:00 pm. Cuando me dispuse a cruzar al otro lado, sentí que algo me dio un fuerte golpe. Se rompió el cristal del carro y yo caí inconsciente. A los minutos volví en mi sentido y me di cuenta de que un señor y varios de mi familia estaban conmigo en el hospital. Al practicarme, los análisis gracias a Dios no tenían nada fracturado en mi cuerpo. Todos estaban sorprendidos por la forma en la que quedó el carro que me había chocado, que se desbarató de adelante. Yo salí ilesa y hasta el momento no sabía cómo de repente vino a mi mente el recuerdo de todo lo sucedido.

Cuando el vehículo venía sobre mí, un hombre alto vestido de blanco paró el carro con un puñetazo y me tiró al otro lado. Su vestidura resplandecía, solo me acuerdo de esta imagen en mi mente. Nos dimos cuenta de que algo sobrenatural había pasado".

Fue un ángel del Señor el que libró a mi hermana de la muerte. Hoy ella le sirve a Cristo con devoción y comunión, y da testimonio de que un ángel del Señor le salvó la vida. *¡Gloria al Señor!*

Dios mandó a ungir la congregación antes de la pandemia

Durante el tiempo de la pandemia todos estábamos confiados en Dios de que nada nos pasaría, ya que antes de la misma Dios le habló al pastor Alberto y le dijo: "Reúne a la congregación, a los adultos, jóvenes, adolescentes y niños. Toma el aceite ungido y úngelos a todos, porque vendrá muerte sobre la tierra, pero a todo aquel que tu unjas, ninguno morirá.

El pastor hizo lo que Dios le mandó hacer y nos reunimos todos en el templo. Fueron muy pocos los que faltaron y no escucharon el llamado. Todos fuimos ungidos por el pastor y cuando empezó la pandemia sólo cayó en la muerte una pareja que no fue ungida con aceite del cielo. Para ese entonces hubo muchas muertes en todo el mundo. La gente estaba saturada de miedo, temor y fobia a la enfermedad. Por todos lados se escuchaban los gritos de personas que habían perdido a sus seres queridos.

En los servicios tomamos todas la medida de cuidado necesarias, pero en la iglesia nos manteníamos comunicados a través de cultos por *Zoom* y las redes sociales, medios virtuales por los que se nos añadían hasta mil personas por día.

A pesar de las restricciones dictadas por la circulación del Covid-19, el poder de Dios seguía fluyendo y los ángeles derramaban aceite en todas las casas de los hermanos. Las puertas amanecían ungidas con aceite fresco y todos daban testimonio acerca de lo que Dios estaba haciendo en la congregación pastoreada por Alberto y Marianela De Belliard.

Nuestro don espiritual funcionaba como una medicina para muchos. Nos llamaban para pedir aceite santo. A algunos les pudimos dar en pequeñas porciones y ungir los pañuelos y mantos, y cuando ellos lo pasaban por el cuerpo de las personas enfermas, estas sanaban. Hubo un derrame de aceite muy fuerte en casa de miembros de la iglesia, incluso muchos de ellos captaron ángeles con sus cámaras y nos hacían llegar los videos que muestran cómo los ángeles pasaban por sus casas regando un perfume fresco como el jardín.

Fueron muchos los videos que mostraban a ángeles caminando en las madrugadas, varios de ellos están en YouTube y todas las redes sociales.

A partir de la trascendencia que tuvieron estas experiencias, vinieron a entrevistarme de la emisora *"Excelencia Cristiana",* un equipo de personas profesionales dirigido por un representante del pastor y evangelista Juan Carlos Jarrigan.

Me entrevistó el joven locutor y predicador Bladimir Castro, quien tiene una vasta audiencia de personas que siguen su programa. No se hicieron esperar las llamadas de personas con sed de Dios y muchos enfermos tanto del alma como enfermedades físicas. Empezamos a orar por todas esas personas, muchos fueron sanados y a la vez salvados por el poder del Espíritu Santo.

Dios cumple sus promesas: el Covid-19 no me mató

La enfermedad o virus de la pandemia, el Covid-19, se hacía cada vez más cruel. Había malas noticias por doquier, las emisoras daban a diario cifras de fallecidos y el cielo se tornó gris de tanta tristeza.

De un momento a otro mi cuerpo empezó a sentirse mal, no podía respirar. Una noche estaba tan mal de salud que me fui a emergencias sola, pues mi esposo e hijos estaban todos en el templo. Al pararme de la cama, mis pies no tenían fuerzas y me caí. No tenía oxígeno en mi cabeza, pero Dios me ayudó a llegar a emergencias. Luego mi esposo llegó por mí, pues había llamado a mi hija a su celular y le dije que cuando el servicio terminara viniera a buscarme a emergencias. Le indiqué que todo estaba bien, para que no se preocupara.

Sin embargo, luego tuvieron que llevarme otra vez a emergencias de otro hospital llamado La Coral, donde me atendió la doctora Busby Estrella, quien al verme me examinó y determinó que había que ingresarme, pues mis pulmones estaban llenos de líquidos. Su diagnóstico sobre mi condición era grave. Me subieron y querían meter una tubería en mis pulmones para poder drenar el líquido que tenía. Yo no estuve de acuerdo y dije que el Dios que hizo mi cuerpo también debía tener repuesto nuevo para mí y mis pulmones. Le pedí perdón a la doctora, pero le indiqué que no me tocara los pulmones.

Una vez instalada en la habitación se quedó mi hijo Jesús Alberto conmigo. Esa noche algo extraño sucedió. En la madrugada entró un personaje a alta velocidad. El tubo donde estaba puesto el suero se movió muy fuerte, como si algo hubiera chocado con él. El galón de agua que estaba en la mesita de noche se movió y se viró sin haber ninguna brisa, pues mi habitación estaba en el medio de muchas otras, es decir, no había ventilación natural.

Pude ver el celaje pasar por encima de mí como si fuera un relámpago. Llamé a mi hijo y le dije lo que pasó. Para nuestra sorpresa había un arcoíris en la habitación. No podía entender cómo había un arcoíris si las luces estaban apagadas y eran las 2:00 am, era simplemente imposible. *¡Gloria a Dios!*

Para mí, ese arcoíris era un regalo de Dios. Yo le puse nombre: el ángel arcoíris. Siempre se presenta donde yo estoy. Pude estar el sol afuera y el arcoíris está dentro del closet, mi lugar de oración. Se presenta todas las mañanas a las 6:00 am en el closet de mi habitación. Se lo he mostrado a mi esposo y mis hijos, quienes se maravillan cada vez que lo ven.

Luego de pasar dos días internada, mediante uno de los análisis que me hicieron los médicos confirmaron que tenía Covid-19. Quisieron entubarme, pero le pedí a mi esposo que no lo permitiera, porque sentía que si lo hacían no volvería a ver a mi familia. Mi esposo me escuchó.

Luego llegó el día en el que me dieron la noticia de que mi corazón estaba muy grande. Si bien esa condición ponía en riesgo mi salud, estaba tan confiada en Dios que no le di importancia. La doctora, muy decente y excelente en su oficio, quiso mandarme a hacer otros estudios. La miré y le dije: "Doctora, quiero que por favor me dé de alta". Ella no estaba de acuerdo por el cuadro de gravedad que presentaba, pero yo le insistí en que me enviara a mi casa. Dios sabía qué hacer conmigo. Mi esposo, preocupado, me preguntó si estaba segura de lo que hacía y le respondí: "El mismo Dios que hizo este corazón tiene que tener el repuesto, pues Dios fue quien me formó".

Luego de venir del hospital, empecé a sentirme mal otra vez. Me dio un dolor muy fuerte en mi pecho. Exhalé aire y salió de mí una bola de sangre en forma de coágulo. Mi familia se asustó y todos empezaron a llorar, pues no podía sostenerme porque el asma se hizo presente. Ya sin fuerzas y casi agonizando, le pedí a mi esposo que me llevara a la sala de estar de nuestra habitación. Allí me tiré de rodillas buscando aire, pues no tenía, mis pulmones estaban completamente tapados. Me estaba muriendo y de mí salió un grito de auxilio a Jesús: "Te necesito Jesús, ven en mi ayuda, esa ti a quien quiero a mi lado, no me dejes morir". Mi esposo, llorando, me paró y me llevó a la cama.

De tanto dolor que sentía en mis pulmones mi esposo empezó a orar por mí. El sonido de mi pecho era horrible yo me acordé de que Dios había mandado a ungir a todo el pueblo y él dijo que el que fuera ungido con ese aceite no iba a morir. Entonces le pedí a mi esposo que me ungiera con aceite y él lo hizo. Me llenó de aceite ungido y me quedé dormida.

Cerca de las 2:00 am saqué mi mano derecha de la cama y tomé a una persona que estaba frente a mí, a mi derecha. Al voltear mi rostro vi a un señor vestido de blanco, muy fino; su ropa era como la que usan los judíos del Viejo Testamento. Traía una bata con mangas anchas, un cinto en la cintura y un libro grande en sus manos.

Su pelo era hermoso, de color castaño claro, y tenía una lentilla pequeña como las que usan los arqueólogos.

Yo, muy asustada, pero a la vez con un ambiente celestial de paz y amor, le pregunté con voz temblorosa quién era. Él me miró con mucha dulzura y me dijo: "Yo soy el maestro a quien tú llamaste". Me pidió que repitiera con él unas palabras, pero como eran en hebreo yo no lo comprendía y se lo hice saber. Él me preguntó si me quería sanar y por supuesto le respondí que sí, entonces insistió en que repitiera lo que decía. Lo hice y repetí cada palabra hasta quedarme dormida.

Cuando abrí mis ojos eran las 7:00 am y me levanté alegre, gozosa y feliz. No sentía nada en mi cuerpo. Estaba sana. ¡El maestro me sanó! Me pasé todo el día adorando su nombre y dándole gracias por el milagro. Alabado sea Dios. Su amor y misericordia me cubrieron.

Dos días después de mi sanidad tenía cita en la clínica "Corazones Unidos". Recuerdo que le dije a mi esposo: "Yo vengo con un corazón nuevo, pues Cristo me sanó". Esa madrugada eran las 5:00 am cuando fuimos a la clínica. En la sala de espera del consultorio me acompañaba mi amada prima Miledys De León.

Cuando el doctor leyó uno de los estudios, me dijo: "Quien le dijo que su corazón estaba grande no sabe de cardiología". Luego empezó a hablar mal de los médicos de la ciudad. No me gustó su comentario y le dije con sabiduría: "Querido doctor, las personas que me atendieron son muy profesionales. Me consta que sí estaba grande mi corazón, pues yo vi los estudios. Lo que pasa es que dos noches antes de venir a verlo a usted, le pedí con fe a Dios que me sanara, que por favor viniera en mi ayuda y él lo hizo, vino y sanó mi corazón".

El doctor, asombrado, me dijo: "Su corazón está como el de una niña de 15 años". *¡Aleluya!* Nuestro Dios es bueno. De repente pasó una doctora, se paró frente a mí y me dijo: "¿Qué es lo que anda con usted?". Se me engrifaron todos los bellos y le dije: "Conmigo anda el León de la Tribu de Judá, conmigo nada la vida. El que tiene a Jesús tiene la vida". Ella me pidió que orara por ella. Miledys y yo oramos.

Me tocó entrar a consultar con el doctor David, quien me recibió con mucho agrado. Me preguntó qué me pasaba, yo le expliqué todo el diagnóstico del corazón y le mostré la tomografía. Revisó los resultados y me mandó a hacer otros estudios que gracias a Dios no tomaron mucho tiempo. Estabasana. *Gloria a Dios.*

Las marcas son necesarias para elevarte a cosas grandes

Hoy en día el mundo está tan boca abajo que lo que antes era malo ahora es bueno y lo que era bueno ahora es malo. Las personas fueron creadas para creer y adorar a Dios, pero como han surgido tantas creencias y religiones, los hombres en su mayoría no saben a quién adorar.

Muchos adoran a un dios griego, otros a un profeta y algunos se han convertido al islam, pero son muy pocos los que han reconocido que hay un Dios verdadero que nunca falla, que está vivo por los siglos de los siglos y que no hay que prenderle velas ni matar animales o hacer otros sacrificiosde ese tipo para invocarlo.

Él se sacrificó de una vez por todos por la salvación de la humanidad. Todos los demás están muertos, pero él resucitó y está a la diestra del padre rodeado de ángeles que lo adoran por la eternidad.

Ese es el Cristo que nosotros proclamamos y solo a él adoramos y rendimos homenaje y cultos. El Padre en tres, padre, hijo, Espíritu Santo.

Somos amantes de Pentecostés, sentimos el Espíritu Santo, hablamos en otras lenguas, creemos en la manifestación gloriosa del poder de Dios a través de su Espíritu Santo.

Dios es el dueño absoluto de nuestras vidas y ministro. Conocí al Señor a mis 6 años de edad. Vino a mí un deseo ardiente por saber quién era Dios y él me encontró a mí primero. Fue amor a primera vista, me conquistó, me enamoró y todavía a mis 47 años de servirle sigo locamente enamorada de él. Pasé por tantas cosas por conservar este amor... y mientras más quieran alejarme más me apasionaba con él, pues este amor tan dulce es como la miel. Estoy enamorada de él y solo quiero hacer su voluntad.

Por eso cuando me llamó al ministerio le dije que sí. Llevamos 26 años de pastoreo en medio de lobos rapaces y serpientes venenosas.

A Dios le plació levantar este ministerio que hoy lleva una marca "a precio de sangre", esa es nuestra etiqueta, por si a alguien le interesa saber cómo se forman los ministerios victoriosos en el proceso. Esto nos capacitó y nos dio fuerzas para hacer la voluntad de Dios. Allí, en medio de un monte oscuro, se nos reveló el Señor por medio de ayuno y oración. A todas horas ayunábamos, muchas veces forzados, pues no teníamos para comer.

No ha sido ni es fácil llevar un ministerio, pero si Dios está conmigo entonces él guiará mis pasos. Mi esposo y yo atravesamos tormentas, hambre, desnudez, peligro y desprecio. Parecía que no teníamos futuro y que Dios se había olvidado de nosotros. Según lo dicho por el hombre, Dios nos había abandonado y, aun así, sintiendo todas esas tormentas, nunca dejamos de confiar en nuestro Señor. En ese desierto lo conocimos, pero me atrevo a decir que nuestro carácter se formó ahí donde no había nada, Dios hizo florecer dos vidas que hoy usa para su gloria. Pero no dejamos de orar.

No teníamos cama ni muebles, pero teníamos al más grande, a nuestro gran amor por el Señor. Nos bastaba con saber que él estaba a nuestro lado para seguir adelante. Dios nos ha usado desde entonces con dones espirituales que hoy se han hecho más fuerte en nuestro ministerio.

Probado como el oro, pero transformados para hacer su voluntad, para usarnos Dios no nos pide que seamos intelectuales, pero sí que estemos dispuestos. Dios no busca hombres, prepara a los que estén dispuestos a hacer su voluntad. "Henos aquí, Señor", le dijimos mi esposo y yo.

Cada proceso dejó en nosotros una marca o una cicatriz, por eso el diablo no tiene ningún derecho sobre nuestras vidas y podemos, en el nombre del Señor, caminar confiados en él.

Por cada marca que tenemos damos vida a lo que esté muerto. Cuando Dios nos envía a cualquier lugar sentimos su aprobación en los milagros y liberación de las almas. Los ángeles de Dios se mueven trayendo aceite para sanar a los enfermos y ungir a los ministerios. Fuera y dentro del país el Espíritu Santo sea glorificado llevando paz y comunión a los hogares.

***

Una infinidad de testimonios dan cuenta de lo que Dios ha logrado. Recuerdo a la hermana Susana Paulino De Concesión, quien visitó nuestra congregación en un martes de liberación. Allí el señor la sanó de cáncer. Tú la escucharás por sus propios dichos y escritos, pues sus marcas fueron muy profundas, estuvo a punto de morir y Dios estuvo a su lado.

Al hermano Ranyer Sánchez le ungieron el carro con aceite color vino el día de su boda. Fue una gran bendición. El Señor mandó a los ángeles a ungirle su carro en señal de aprobación por su unión conyugal con su esposa Dairi Mejia.

Luego, este mismo hermano trajo a un joven paralítico a nuestra campaña y al llegar a la iglesia se dieron cuenta de que el carro tenía las cuatro puertas llenas de aceite en la parte de afuera. Ese paralítico aquella misma noche salió caminando con sus propios pies.

Miledys De León ha compartido también una de sus experiencias con ángeles en casa de los pastores Alberto y Marianela De León Belliard:

"Yo estaba en casa de los pastores Belliard y había una pastora invitada, quien les traspasó el ministerio a los pastores de la casa. Vi con mis ojos abiertos cómo los ángeles derramaban aceite en la puerta, el espejo y el piso de la casa, tras lo cual empezamos a hablar en lenguas del Espíritu Santo. Era como si fuera en el día del Pentecostés, empezamos a glorificar a Dios, saltábamos y gritábamos llenos de su presencia.

En otro momento salía de casa de los pastores y de camino a mi casa le pedí al Espíritu Santo que permitiera que los ángeles me llamaran y me tocaran, y así lo hicieron al día siguiente a las 5:40 am. Sentí que me tocaron los pies de manera literal, me agarraron los dos pies como si se tratara de una persona. Luego, cada vez que iba a la casa de los pastores escuchaba que me llamaban por mi nombre, me abrían la puerta y cuando yo miraba para ver quién era, no veía a nadie, pues los pastores no estaban y sus hijos tampoco. Entonces entendí que eran los ángeles que se movían en esa casa.

También en los retiros que se efectuaban los martes en la casade adoración "La novia de Cristo", iglesia que pastorean los pastores Belliard y Marianela De León, pude palpar junto a los hermanos cómo los ángeles ungían todas las puertas del templo, de tal modo que parecía lluvia de aceite cayendo desde las puertas.

Desde entonces, los ángeles siempre están ungiendo su casa y el templo, y yo soy una fiel testigo de ese mover glorioso.

El hogar de la hermana Lina y su esposo Mauro fue ungido con aceite en el espejo de su habitación y su brazo se le llenó de polvo de oro en varias oraciones, como así también la puerta de su casa, que fue ungida con aceite con aroma de perfume.

Nuestra hermana Georgina Ventura pidió al Señor que le mandara un ángel, ya que esa noche tenía un dolor muy fuerte en la garganta a causa de una inflamación causada por una amigdalitis.

Pidió al Señor que le enviara un ángel médico que la sanara y así pasó: mientras dormía, ella vio entrar a ese médico vestido de blanco, quien le inyectó un líquido y ella fue *sanada al instante, puesal otro día ya no tenía la inflamación y no ha vuelto a sentir dolor en su garganta. ¡Alabado sea Dios!*

Marianela De León

TERCERA PARTE

VIVENCIAS VERDADERAS Y TESTIMONIOS DE ÁNGELES

En medio de tanta gloria y unción el enemigo no está tranquilo. El Señor nos ha provisto de su fuerza y valor para vencer todos los levantamientos que hemos enfrentado por hablar de los ángeles. Imposible es no creer que haya personas que sirven a Dios y no creen en las manifestaciones de los ángeles. Cuando Pedro fue encarcelado, estaba durmiendo atado con dos cadenas y los guardias custodiaban la cárcel, y he aquí se presentó un ángel del Señor y una luz resplandeció en la cárcel tocando a Pedro en el costado. Lo despertó diciendo "levántate pronto" y las cadenas se les cayeron de las manos (Hechos 12:6, 14:20)

A raíz de lo que sucedía en nuestro templo y a nuestro alrededor, los testimonios empezaron a emerger. Las personas venían de todos los lugares, hasta del interior. Nos llamaban y preguntaban si podían venir a participar de los servicios que hacíamos y hacemos cuatro veces a la semana, los martes, jueves, sábados y domingos.

Mi casa siempre está llena de personas extranjeras que llegaban de sorpresa y las ministrábamos bajo el poder del Espíritu Santo noche tras noche.

No descansábamos ministrando junto a un equipo de mujeres llenas del Espíritu Santo. El templo nunca se ha cerrado, ni siquiera con la pandemia. Las personas tenían y tienen hambre de Dios y ver lo sobrenatural manifestado.

Un niño en estado de inmovilidad

Testimonio de Diocelina del Rosario

Una vecina de enfrente de mi casa tenía una hija adolescente que quedó embarazada. La joven tomó pastillas para abortar él bebe, pero no pudo porque el embarazo estaba muy adelantado. Eso le trajo graves consecuencias, pues el niño salió con muchos problemas de salud, entre ellos que al crecer no hablara ni caminara.

Un día se me ocurrió invitar a la abuela del niño enfermo a los retiros que se efectúan los días martes en el templo y casa de adoración "La novia de Cristo", creyendo que Dios podía obrar un milagro a través de la pastora Marianela De León y así lo hizo. La pastora tomó al niño en sus brazos, oró por él, lo ungió con el aceite que traen los ángeles del cielo y me dijo: "Antes de los 20 días el niño hablará y correrá".

A los 18 días el niño salió corriendo y hablando. Antes de eso su estado era complicado, pues no podía moverse, era como si estuviera en estado vegetal.

Ahora hace todo lo que puede hacer un niño normal. Ya tiene 5 años y es un niño muy sano, cariñoso e inteligente. Toda Gloria es para nuestro Dios.

Susana Paulino de Concesión
Testimonio de sanidad

Lo que Dios ha estado haciendo a través del ministerio de la casa de adoración "La novia de Cristo" es muy poderoso e importante. En cada servicio que hacemos todos estamos enfocados en adorar a nuestro supremo rey y salvador Jesucristo, provocando en cada adoración que el cielo toque la tierra a través de nuestro sacrificio y entrega al Señor.

Los milagros de Dios suceden orando por los enfermos y desatando a los que están encuadernados por el diablo.

En uno de esos servicios de gloria recibió su sanidad la hermana Susana Paulina a través de los pastores Juan Belliard y Marianela De León, junto a un equipo de hombres y mujeres llenos del poder del Espíritu Santo que ministran en el altar y en los retiros de los martes, llamado retiro de liberación y milagro.

Era el mes de marzo de 2019, fecha en que frecuentemente cada año me realizaba mis exámenes rutinarios, mi oncóloga me hizo una inspección física y descubrió un nódulo con bordes filiformes, es decir, irregulares. En ese instante se inició un proceso de fuerte incertidumbre. Rápidamente me ordenó hacer estudios, los cuales dieron positivo para el diagnóstico de carcinoma ductal invasivo, uno de los cánceres más agresivos.

Al siguiente día me prepararon para ser llevada a cirugía y extraer los nódulos, con el objetivo de hacer una biopsia para enviarlo a ser estudiado por expertos de la patología y tener un diagnóstico más certero. El personal de enfermería que trabajó en el procedimiento quirúrgico estaba consternado y muy triste a causa de que fui su formadora en esa área y tenían plena experiencia de lo que estaba sucediendo.

Se abrió luego la espera de los resultados de la biopsia y para el retiro de puntos postquirúrgico; de momento sentía una molestia en mi parte íntima y mientras esperaba decidí ir a mi ginecólogo, el cual me diagnosticó otro cáncer metástasis, por lo que también me llevaron ese mismo día a quirófano de emergencia, teniendo para ese entonces dos cirugías prediagnóstico de dos tipos de cáncer.

Luego comenzó la etapa de vida del "nido vacío". Mi cuñadade la vida me llevó a su casa para ofrecerme las buenas y atinadas atenciones de cuidados postquirúrgico, y fue importante su contención emocional porque estaba muy abatida.

Pero como Ana cuando Penina le hacía bullying por no tener hijo y el sacerdote le dijo "Digiere tu vino mujer" (Samuel 1:8-28), el Señor, mi Dios todopoderoso, me había estado guiando y acompañando en todo proceso: Él me dijo que ayunara con jugos naturales y me mantuvo guerreando. Recuerdo una madrugada mientras meditaba y el Señor me dijo "No es para muerte".

Un martes muy de mañana mi cuñada me dijo: "Vamos a la iglesia, siento por el espíritu que Dios hará algo grande". Llegada las nueve de la mañana, nos fuimos mientras mi amiga Cela lloraba e iba para la iglesia, y cuando entró el Señor le habló y le dijo: "Ya no más lágrimas".

Al cabo de 20 minutos aproximadamente le dio las instrucciones a la pastora Marianela de cómo lo haría: "Haz una ronda con mujeres líderes guerreras. Ahora pon a Susana en el centro, no la toques, nadie la toque que yo soy el que haré, solo adoren".

Así lo hizo nuestra amada pastora y de momento sentí una brisa fresca que inició por la cabeza y salió por mis pies. No pude sostenerme de pie, pues la presencia de Dios me inundó y me arrodillé ahí mismo. Sentí de una manera muy especial la presencia de Dios haciendo dos milagros prodigios. La iglesia completa se envolvió en la presencia de Dios: unas danzaban, otras hablaban en lenguas, otras lloraban mientras adoraban, otras a viva voz exclamaban: "¡Te adoro Dios!".

Por fin llegó el día tan esperado, el de la entrega de los resultados de la biopsia enviada a Estados Unidos. Fuimos con toda una comisión: mi esposo, mi hermana Olga, mi cuñada Ingrid y mi amiga Cela. Me dejaron para el último turno, aunque no era ese el que me correspondía, pero la oncóloga no entendía nada al darme los resultados porque ella entendía que debían estar positivos.

Al final de las consultas me llamaron y dijeron que no comprendían qué había sucedido, porque su patóloga era muy buena y nunca les había fallado.

Le dije: "Usted no lo puede comprender, solo le puedo decir que Dios es misericordiosos y bueno. Lo hizo Dios, un milagro". La doctora se sonrojó, lloró y decía que no podía entender. Mi ginecólogo tampoco entendía nada y decía: "Yo no me ando equivocando". Le dije: "Tranquilo doctor, lo hizo Dios" y respondió: "Ustedes y Dios; bueno, pero solo así".

Debo decir que las damas de la "Casa de adoración La novia de Cristo", se unieron en el Espíritu Santo de Dios. Todo fue una maravillosa experiencia en la vida espiritual. Dios le continúe bendiciendo y guiando siempre.

Cuando nosotros como creyentes nos sometemos a Dios y a su palabra alcanzamos su favor. En Santiago 4:7-8 así dice la palabra de Dios: "Así que sométanse a Dios, resistan al diablo y él huirá de ustedes".

Someterse a Dios y buscar su rostro día y noche es la clave perfecta para bajar el cielo a la tierra y sentir a un Dios sobrenatural que no tiene límite ni sombra de variación, que no se sujeta ni se encasilla a conceptos humanos.

Dios hace lo que él quiere y cuando lo desea no podemos poner patrones de cómo Dios debe glorificarse, pues su poder y su voluntad nadie lo puede parar.

Cuando se habla de ángeles que bajan y se dejan ver por humanos o en los templos incluso guardando a los hijos de Dios, se levantan muchas críticas que buscan difamar y decir que son fábulas y que los ángeles no tienen nada que buscar en la tierra. Muchos usan o dejan usar sus bocas por el enemigo de la justicia para decir que es brujería lo que se mueve en el altar, cuando declaramos que se están moviendo ángeles que nosotros solo no podemos luchar contra talesfuerzas.

Dios ha enviado legiones de ángeles a nuestra ayuda. Ellos son los que se enfrentan a estas fuerzas del mal. Ni tú ni yo podríamos vencer en la lucha espiritual sin la intervención de los ángeles de Dios.

Esta es la encomienda que Dios les ha dado a sus ejércitos angelicales de cuidar y velar por la vida de sus hijos. El diablo siempre va a querer ocultar los beneficios del cielo haciéndole creer al hombre que está solo en este mundo y queDios no se acuerda de él.

Pero te tengo buenas noticias: el Señor ha enviado ángeles del cielo que traen aceite ungido y polvo de oro, pero lo más sorprendente es que sí creen en los demonios más que en los ángeles. Pero no se han puesto a pensar que los hombres no pueden enfrentar las fuerzas de los demonios, solo porque esta lucha no es en la carne física.

Esta batalla se pelea en el mundo invisible por agentes espirituales llamados ángeles, guerreros que Dios nos ha puesto a nuestro servicio a cada uno de nosotros para vencer en la lucha contra el mal o contra el príncipe de las tinieblas.

Satanás es un enemigo vencido, pero él no quiere caer solo, sino que quiere hacerte perder a ti lo más valioso, que es la salvación de tu alma. Él continuará oponiéndose a Dios y a su pueblo hasta que esté atado en el abismo por mil años y al fin sea arrojado al lago de fuego.

***

A continuación, más hermanos y hermanas comparten algunas de sus experiencias con los ángeles por medio del Espíritu Santo:

Testimonio de Sonia García de Salomé

"Comenzó primero dónde me congregó el Señor, quien me mandó un ministerio de 7 ángeles especiales y ellos empezaron a llenar siete frascos de cristal con aceite. Luego fui visitada por ellos yungieron las puertas de mi casa.

A su vez, Ama, una hermana que estaba padeciendo dé esquizofrenia, fue impactada por el aceite y fue liberada por el Señor.

En una oportunidad fui a orar al altar del templo dónde mi cartera se llenó de aceite y escarchas doradas.

Otra vez estaba presente junto a otros hermanos y frente a nosotros estaban echando aceite al pote de cristal, algo que para mí fue una experiencia maravillosa. Los primeros estaban un poco con temor, pero el Señor me hizo entender qué podía tener miedo, Gloria a Dios, qué grande y poderoso es el Señor y todo el que crea en él también caminará en lo sobrenatural".

Testimonio de Ingrid Concesión

Quiero compartir la hermosa experiencia que pude vivir varias veces con los ángeles alguna vez dentro de mi habitación, donde solo yo y el Espíritu Santo estábamos.

Pude sentir cómo me daban palmadas por la espalda. Sentía que alguien estaba en la habitación y confirmaba su compañía, porque en vez de sentir miedo, sentía una paz sobrenatural que me envolvía. Cuando miraba a mi alrededor, me sorprendí al ver la presencia de aceite sobre el espejo del armario, en las puertas y un aroma que solo ellos podrían traer. Quiero decirles que es hermosa e incomparable la experiencia de vivir algo así.

Testimonio de Crecencia Ávila:

Un día me encontraba en el templo a la 3:00 pm. Estaba en laoración y fue maravilloso lo que pasó. Mientras yo oraba, los ángeles me ungieron con aceite en mi espalda y cayó aceite en el lugar donde yo estaba postrada orando.

Cayeron muchas gotas de aceite y fui levantada de mi lugar como en cámara lenta a un metro de donde yo estaba.

De repente sentí un temblor en la tierra, mis ojos pudieron ver un rostro blanco resplandeciente y al momento me sentí mareada. No me podía parar.

Luego mi rostro se llenó de un polvo brillante y un perfume muy agradable que estaba regado en el templo. Qué bueno es estar en la presencia de Dios y sentir su Espíritu Santo.

Una noche era la hora de orar, pero yo me sentía indispuesta. No me quise levantar, pero empecé a sentir que me susurraban en el oído. Me pellizcaron y me tumbaron de la cama para que yo orara. ¡Gloria a Dios!

Eran tan fuertes las visiones que tenía que aún el demonio de la muerte lo podía ver y les decía a las personas "Míralo ahí", pero otros no podían verlo.

A su vez, cuando alguien iba a ser accidentado era mostrado a mí. Cuando alguien iba a ser matado por otra persona, era mostrado a mí. Yo podía ver cuando esos demonios paraban y se reían, se burlaban y me decían que yo no podía hacer nada para impedirlo, hasta que me vieron a una edad madura donde Dios me había dado autoridad y poder sobre los demonios y toda fuerza del mal.

Entonces, donde quiera que yo iba ellos se les entraban a las personas y hablaban por sus bocas suplicándome que no los echara fuera. Dios me entregó uno de los ministerios más grandes de liberación, unción y poder para arrebatarles las almas al diablo.

***

"El espíritu del Señor está sobre mí porque me ha enviado a proclamar la libertad a los cautivos y la recuperación de la vista a losciegos"

(Lucas 4:18)

***

"El espíritu del señor Dios está sobre mí porque me ha ungido el Señor para traer buenas nuevas a los afligidos y me ha enviado paravendar a los quebrantados de corazón, para proclamar libertad a los cautivos y liberación a los prisioneros"

(Isaías 6:1)

***

Existen ángeles de luz y ángeles de oscuridad

Damos fiel testimonio según la Biblia y nuestras propias experiencias vividas, de que los ángeles de luz existen y por referencias bíblicas entendemos que también las fuerzas del mal.

***

"Bendigan al Señor, ustedes sus poderosos ángeles que ejecutan su palabra obedeciendo la voz de ella"

(Salmos 103:20)

***

"Entonces el espíritu me levantó y oí detrás de mí el ruido de un gran estruendo: "Bendita sea la gloria del Señor desde su lugar", era el ruido de las alas de los seres vivientes, que se rozaban unas con otras, el ruido de las ruedas que estaban junto a ellos y el ruido de un gran estruendo"

(Ezequiel 3:12-13)

***

Desde que tengo uso de razón pude percibir que los seres malignos existen y hacen muchas maldades a los seres humanos tomando los cuerpos, mentes y espíritus de personas que se dedican a practicar la hechicería, las magias negras, magias blancas, tarot, satanismos y otros campos de la hechicería como el vudú.

A la edad de los 6 años apenas era una niña inocente y mis padres para corregirme usaban un método que me atormentaba. Era un castigo por haberme portado mal o por no hacer mis tareas: me ponían a dormir sola. Para mí ese era el mayor de los castigos, porque era atacada por demonios a mi temprana edad. Éstos me pegaban en la cama y amanecía con la cara hinchada de tantos golpes que me daban. Cuando me despertaba y me levantaba yo le mostraba esto a mi mamá, pero ella, al no conocer a Dios, no me creía.

Llena de mucho miedo me puse a llorar y a pedir que me saquen de aquel lugar. Abrazaba en mi pequeño pecho, una muñeca y me preguntaba a mí misma, qué lugar era ese tan espantoso donde escuchaba los gritos de muchas personas que parecían zombis con mal aliento y con sus ropas desgarradas. Pedían a gritos perdón y que los ayudara. Para mí era muy cruel ver esas escenas, pues yo no comprendía por qué esas personas estaban en tormento.

De repente se apareció ante mí un terrible monstruo. Era enorme su estatura y muy horrendo su rostro. Tenía cuerpo de dinosaurio, cara de leopardo, unos colmillos afilados que sobresalían de su boca, y su cola era muy larga, tanto así que cuando me miró se enojó y me acercó su espantoso rostro, y empezó a maldecirme.

Yo lloraba asustada por esa fea figura y me decía: "Maldita, el santo te va a usar mucho".

Pero una noche lluviosa en la que yo estaba llena de espanto, la ventana de mi habitación se abrió por los fuertes vientos y entraron seres malvados a mi habitación. Éstos me golpearon fuerte en mi cara y me maldecían una y otra vez. Sus voces eran espantosas y su presencia muy pesada, a tal punto que se acortaba el oxígeno de toda la habitación.

Esa noche fue una de las peores de mi niñez. Y, además, cuando les contaba a mis padres no me creían. Fueron días y noches muy difíciles para mí. A tan corta edad experimenté ataques masivos del infierno. El enemigo ya sabía que yo era un propósito de Dios y que fui formada para arrebatarles las almas.

En una noche fría de invierno fui arrebatada por fuerzas malignas y llevada al infierno. Para ese entonces yo tenía unos 7 u 8 años y me vi en aquel lugar tan tenebroso.

"El santo te va a usar mucho", me decían y se enfurecían mucho más. Con su cola arrastraba a los perdidos que estaban en aquel lugar. Fue muy triste para mí tener esa horrible experiencia.

Una vez que desperté de ese sueño malvado se lo conté a un familiar muy cercano, una gran sierva de Dios, Doña Lucía De León (Doña Chía).

Ella me dejó cuando estaba viva aún y me explicó: "Marianela, Dios te ha elegido y te va a usar grandemente, por eso el enemigo te está atacando, porque él sabe lo que Dios hadicho de ti".

Aun así, yo no entendía mucho lo que ella me dijo, pero fui creciendo en gracia y favor de Dios.

Bajar el cielo a la tierra

En hebreo hay dos vocablos que describen la palabra "separar" y "nazar", que significan "separar de" y la misma raíz que "Nazareno". Es una demostración visible de separación; cuando Dios separa a una persona lo primero que hace es separarla o apartarla del mundo de las cosas externas que dañan su relación con él.

El segundo vocablo es "*Kohodesh*", el cual significa, "separar para". Este es el tipo de separación que produce santidad, implica separarse de Dios. Algunos hombres se separan del mundo de las cosas visibles, pero no se separan de Dios. Si queremos que lo sobrenatural de Dios se manifieste grandemente en nosotros, tenemos que buscar a Dios día y noche, las 24 horas al día, los 30 días del mes, los 365 días del año.

La única manera de comenzar el proceso de separación para Dios es personal, mediante la oración. La búsqueda de su presencia produce que los cielos se abran y usted puede ser trasladado al trono de gracia. La lectura de la palabra te abrirá los sentidos espirituales para conocerlo a profundidad y tener una íntima comunión con Él.

Los hombres que son apartados para Dios tienen que ser probados como el oro y muchas veces son perseguidos y calumniados pero los justos. Dios no los deja en vergüenza. Cuando el hombre de Dios habla es posible sentir el peso de sus palabras, pues el Espíritu Santo respalda los dichos de su boca. Por tanto, para aquel que es fiel, el cielo estará abierto a su favor.

Es necesario que cada creyente mantenga una comunión íntima con él Espíritu Santo para que pueda ser guiado y discernir las cosas que son del Espíritu. Al vivir para agradar a Dios en todos sus caminos cuando somos guiados por Espíritu Santo, Dios nos manda respaldo de legiones de ángeles que vienen a ayudarte cuando el enemigo trae sus ejércitos para terminar con tu vida. Entonces puedes mirar a tu alrededor y te darás cuenta de que hay ayuda celestial que ha venido a tu favor.

***

"Eliseo pidió a Jehová que le mostrara al joven lo que Eliseo veía. Jehová le mostró un ejército celestial con caballos y carros de fuego para protegerlos. El ejército Sirio fue cegado por el poder de Dios. Así también manda Dios guerreros espirituales para ayudarte en tusbatallas"

(2 Reyes 6:8-14, 6:15-16)

A veces, cuando he sentido fuertes luchas clamo a Dios y de inmediato siento que su unción cae sobre mí. Entonces siento electricidad y fuego en todo mi cuerpo y mis manos arden. Cuando esto sucede imparto a la persona sanidad, liberación y llenura del Espíritu santo. Me siento respaldada como el profeta Eliseo con ángeles en carros de fuego a mi alrededor.

Peleando nuestras batallas de rodillas

Si queremos bajar el cielo a la tierra debemos tener una vida constante de oración, en la cual oremos los unos por los otros como hermanos, protegiéndonos la espalda y cubriendo nuestros territorios. Juntamente con los ejércitos de los cielos podemos ganar cada batalla en el nombre de Jesús si permanecemos en constante oración.

Nosotros peleamos nuestras batallas de rodillas. Por tanto, si luchamos desde cualquier otra posición, seguramente sufriremos la derrota. Como dice John McArthur: "Efesios comienza elevándonos a los lugares celestiales y termina lanzándonos de rodillas".

En este sentido, es importante conocer seis aspectos de lo que es la oración de guerra:

Oración variada: con toda oración y súplica, la palabra oración se refiere a solicitudes generales, mientras que "suplica" refiere a los específicos.

Oración continua: orar en todo tiempo. Cada creyente debe tener tiempo establecido para orar todo el día. (Nehemías 2:4- 1, Tesalonicense 5: 17). ¿Cómo hacemos que lo sobrenatural se revele a nosotros? Esto solo es posible a través de la oración, el ayuno y la intimidad con Dios, apartándose del mal santificándonos y obedeciendo sus mandatos.

Oración en el Espíritu: (Romano 8: 26-27; Judas 20). Estas son oraciones guiadas por el Espíritu.

Oraciones vigilantes: con toda perseverancia y súplica, la oración vigilante está despierta y alerta con los ojos bien abiertos. Esto hace eco de la palabra de Jesús (Mateo 26:37-41).

Oración de presentación (Mateo 7:7; Lucas 18: 1-8). La oración de guerra es persistente, es no rendirse y seguir orando, no abandonar y seguir avanzando, Debemos estar constantemente en contacto con el comandante en jefe, él nos habla a través de sus palabras y nosotros a través de la oración.

Oración intercesora: Esta oración debe hacerse por todos los santos, por creyentes que están siendo perseguidos y maltratados, por fortaleza y resistencia y orando uno por otros. Pablo les pidió a los creyentes que "oren por él" (Efesio 6:19 RVR 1960) y "oren por mí a fin de que al abrir mi boca me sean dadas las palabras para dar a conocer de nuevo el misterio del evangelio.

Más visitas de los ángeles

Qué experiencias más maravillosas vivió Pedro. El mismo ángel del Señor fue a liberarlo. En un momento Pedro pensó que era una visión, pero se dio cuenta que en verdad con él estaba el ángel del Señor que rompió sus cadenas y le abrió la puerta de la cárcel donde estaba prisionero. Cuántas veces, como a Pedro, Dios ha librado a muchos de sus hijos; en cuántas ocasiones su ángel nos ha librado del mal y del peligro; cuántas trampas nos ha puesto el enemigo de nuestras almas para hacernos fracasar, más Dios envía sus ángeles para librarnos y salir ilesos de sus trampas; de cuántos accidentes te ha librado de el Señor mandando a sus ángeles guardianes para que nos cuiden día y noches.

Hay ángeles que nos libran de incendios como a mí y a mis hijos. Dios mandó a su ángel y me despertó llamándome por mi nombre y librándome del fuego que estaba por encima de mi cabeza mientras yo dormía. ¿Cómo podría yo negarle asistencia activa de estos seres guardianes enviados para protegernos y liberarnos?

O cuando mi niño se cayó por la segunda planta y dijo que un hombre blanco lo agarró en el aire y mi hijo no se golpeó.

Mucha gente se ha acercado a nosotros a decirnos que han visto seres de luz pero que callan por temor a que no les crean.

Yo no puedo callar lo que he visto y oído. Creo que Dios me castigaría si no cuento lo que él nos ha mostrado por su misericordia. No quiero ser una cobarde, pues hay en mí un peso de responsabilidad por la aparición de estos seres de luz que se presentan en el templo y en casa de los hermanos de la iglesia. Muchos creen en médiums, otros en brujos, yo creo en Dios y en el cielo.

Entonces me toca a mí hablar del cielo, aunque a muchos no les importe. Los ángeles son reales, me han hablado, me tocan, juegan conmigo, me susurran al oído, me tocan la cabeza, ungen las puertas de las habitaciones de mis hijos, la puerta de mi habitación, la de mi casa y la de las verjas.

Una noche mientras dormía me ungieron la cabeza con mucho aceite. Cuando lo noté, le dije a mi esposo: "¿Qué es lo que Dios quiere decirme?" Y cuando me dormí escuché una voz que me dijo "Marianela, Marianela, Marianela".

Tres veces el Señor mencionó mi nombre diciéndome: "Los brujos han pedido tu cabeza para matarte, pero no temas, yo no permitiré que te hagan daño. Yo peleo por ti y tu familia. Aquel que se meta contigo lo hará sin mí y yo le daré su recompensa. No temas yo te cuido". Cuando escuché estas palabras, una profunda paz invadió mi ser.

Me levanté ese día muy temprano y mi esposo me dijo: "Marianela, ven conmigo, quiero mostrarte algo". Seguí a mi pastor y llegamos hasta una carpa detrás de unos arbustos. Cuando vi esto sentí un poder sobrenatural contra esos hechizos que se atrevieron a poner ese altar.

Inmediatamente hice uso de autoridad y el poder que Dios me ha dado. Junto al pastor y otro hermano sacamos todo lo que estaba enterrado. Había velas, un gato negro con marrón y muchos disparates. Lo prendí fuego en el nombre de Jesús y, como profeta del Dios altísimo, declaré que todos los brujos y hechiceros se iban a ver con Dios por intentar maldecir su pueblo.

En ese momento se presentó un ángel que tenía una espada en la mano y la burra fue más sabia, porque ella lo vio y no avanzó, sino que se paró y pude estar a salvo. "Quien se mata con un hijo de Dios y con los pastores Belliard, Marianela, su familia y la iglesia, Dios no tendrá misericordia", me dijo el Señor y así lo escribo hoy, con la certeza de que Dios ha puesto ángeles a nuestro cuidado.

Ellos nos acompañan donde quiera que vayamos. Una noche en la Residencial Vista Catalina sentí una malicia de demonios que estaban paseando y el Espíritu Santo me habló mientras oraba y me dijo: "Mira a los guerreros que guardan tu casa, no tengas miedo". Cuando miré vi a dos ángeles grandes de estatura vestidos de soldados romanos con un casco en su cabeza, brazos muy fuertes, pulseras tejidas en sus muñecas como usan los luchadores, una rodillera en sus piernas como los soldados romanos y zapatos con forma de botas tejidas hasta las rodillas.

Compartí aquella visión con mi esposo y glorifiqué a Dios por mostrármela. Jamás sentí temor después de esa noche. Dios me mostró quiénes son los que nos guardan, principalmente el ángel de Jehová.

Gracias a Dios nos acompaña a nuestro alrededor, porque cada vez que el enemigo ha intentado mandar su influencia demoníaca, tenemos la protección divina de ángeles guardianes que nos cuidan.

***

"El ángel de Jehová acampa alrededor de los que le temen y los salva. Probad y ved que es bueno Jehová; bienaventurado el hombre que se refugia en él"

(Salmos 34:7-8 RVR1960)

***

Eran las 2:00 am cuando estábamos en una adoración ferviente. Mi esposo y yo cantamos himnos de alabanza y adoración en un acuerdo espiritual con lágrimas de nuestros ojos bajo la presencia hermosa del Espíritu Santo de Dios. Fue un gran momento de oración en señal de agradecimiento. Sentíamos el cielo con nosotros adorando también.

En un momento sentí mucha hambre y le pedí a mi esposo que me acompañara a preparar algo de comer. Luego, mientras comíamos, yo estaba de espaldas a la puerta y mi esposo de frente a la puerta principal del salón de la casa.

Sentí allí por el espíritu mirar hacia la puerta y al voltearme vi un rayo de luz bajo las escaleras de la casa y después aparecieron muchas luces brillantes. Aparecieron muchas escarchas de oro brillante. Mi esposo y yo nos estremecimos y adoramos al Señor porque su ángel estaba en medio de nuestra adoración.

Otra noche, mi esposo y mis dos hijos varones se fueron a trabajar en la madrugada y me dejaron con mi hija mayor, quien estaba en su habitación hablando con su prometido por teléfono.

Mientras tanto, yo estaba orando en mi habitación y sentí una fuerza demoníaca que quiso pararme y yo me espanté y empecé a reprender y a echar fuera todo poder satánico en el nombre de Jesús.

En medio de aquella represión le pedí a Dios que me mandara refuerzos de ángeles. De repente entró mi hija a la habitación y me dijo: "Mami, ¿por qué no te acuestas? Es muy tarde", y yo le dije que no y que iba a esperar a su papá orando, pues tenía varios grupos de oración y tenía que orar en todos. Entonces mi hija se acostó y yo me quedé orando. De repente se abrió la puerta de mi habitación y vi entrar a mi esposo quien me dijo: "Ven a acostarte, ya es muy tarde y tú estás incómoda en ese sillón".

Le obedecí y me paré con su ayuda. Me agarró del brazo derecho, me llevó a la cama, me colocó la almohada, subió mis piernas a la cama, me arropó con una manta y se quedó un rato mirándome. Yo le pregunté: "Papi (así le digo cariñosamente) ¿a qué hora viniste?" Él me contestó: "Hora y ratito ya". Luego me dormí tranquila y sentí cuando él se acostó, pero no me abrazó. Solo sentí que estaba a mi lado.

Dormí toda la noche como una reina, cuando de repente eran las 7:00 am y sentí que la puerta de mi habitación se abrió y entró mi marido. "¿Dónde vas tan temprano?" Le pregunté y él, muy sorprendido me respondió: "Acabo de llegar". Le pedí que no jugara conmigo y le dije que había llegado a las 3:30 am. "Tú estás locas Marianela, acabo de llegar de trabajar y estoy muy cansado, necesito dormir".

Desconcertada, mi cuerpo se paralizó y comencé a llorar y a explicarle a mi esposo lo que yo había vivido y cómo él me había levantado del sillón, acompañado a la habitación y arropado. "Yo no fui, Nela", volvió a aclararme. Entonces comprendimos que un ángel del Señor había tomado su figura y se presentó como mi marido para que yo no tuviera temor por la malicia del demonio que había sentido en la noche. Mi esposo y yo quedamos bajo un shock emocional.

Noté que mi esposo tenía puesta una camiseta de piloto, pero el ángel que tomó su figura tenía puesta la camisa de piloto con sus insignias. Además, mi esposo tiene el pelo blanco, pero recordé que el ángel tenía el pelo rubio amarillo y enrulado. En ese momento adoramos a Dios, dándole gracias por su protección y sus cuidados. Nunca olvidaré esa noche en la que Dios mandó a su ángel para protegernos. Santo es el señor Dios todo poderoso.

Tenemos ángeles a nuestro servicio. Ellos están cumpliendo con su misión de cuidarnos. Nuestras casas están rodeadas, nuestros hijos están cuidados, nuestro matrimonio está protegido. Nada podrá hacer frente, aunque un ejército accione en mi contra.

***

"Aunque un ejército acampe contra mí, no temerá mi corazón; aunque contra mí se levante guerra, yo estaré confiado" (Salmos 27:3 RVR 1960)

***

En una oportunidad fui invitada a una actividad en Carolina del Sur para dar un congreso, donde fui confrontada por el enemigo de la justicia, que no quería que yo llegara hasta aquel lugar y me puso muchos impedimentos.

En un solo día me cancelaron cinco vuelos. Me terminé enfermado y tuvieron que llevarme a una clínica, donde el doctor me dijo que no podía viajar porque yo había sufrido un accidente cerebrovascular, es decir, cuando el flujo de sangre a una parte del cerebro se detiene.

Sin embargo, yo no acepté el diagnóstico, pues me di cuenta de que era una trama de Satanás. Así que pedí el alta y me fui a mi casa. Al ver a mi esposo, le dije que todo estaba bien.

Dios me habló aquella noche otra vez en una nueva revelación y me dijo: "Vete a Carolina del Sur a limpiar la casa". Comprendí que Dios me estaba hablando del congreso, pues él me había mostrado que había actividad satánica. Al otro día cogí un vuelo de 6 horas con mi hija mayor, Jazbeel.

Antes de llegar se levantaron dos tornados en Carolina del Sur y antes de llegar al aeropuerto querían cancelar el aterrizaje en esa ciudad. Pero yo tomé autoridad de Dios y reprendí los dos tornados. Estos desaparecieron y al llegar al hotel había otro tornado, al cual también lo reprendí y se esfumó.

Dimos una actividad gloriosa, donde descendieron ángeles y llevaron polvo de oro y aceite a la casa de la pastora Gloria Villa Toros.

Se salvaron muchas almas y hubo restauración en ese evento de Dios. Luego, al terminar, el hombre que estaba a mi izquierda en una habitación del hotel murió de un infarto cardiovascular. El diablo se lo llevó a él porque Dios me cubrió a mí y la muerte no me pudo encontrar.

A la joven, que pertenecía a mi iglesia, vive en Washington y estaba en el congreso, yo le profeticé que llegando a su casa los ángeles estarían allá y así fue: le llenaron su casa de polvo de plata y aceite.

Todo consta en videos publicados en las redes sociales de la Iglesia casa de adoración "La novia de Cristo", a cargo de la pastora Marianela De León.

***

Una hermana llamada Ana Iris, quien solía venir a la iglesia, llegó un día del año 2019 cerca del mediodía para oraren el templo. Ella se paró en la puerta y notó que el vehículo en el que estaba comenzó a moverse. Al abrir la puerta, se dio cuenta de que el auto estaba flotando en el aire con ella adentro. Se asustó mucho y cerró la puerta. Luego el vehículo bajó de golpe. Una joven que estaba cerca también se asustó y vinieron a contarnos lo que había sucedido con el movimiento de los ángeles en el templo. Amén.

La hermana Iris Peguero y su hija Yadiris notaron al llegar a su casa que había perfume con olor delicado y exquisito. Ellas empezaron a preguntarse de dónde venía ese aroma, cuando se dieron cuenta que su casa estaba llena de polvo de oro.

***

No podemos callar lo que el cielo habla. La Biblia dice que si nosotros callamos hablarían las piedras, y en estos momentos nosotros somos conscientes del mover de Dios en nuestra congregación, donde están sucediendo milagros poderosos: enfermedades terminales son sanadas, los endemoniados salen liberados por medio del poder y la unción que emana del lugar santísimo -el altar- ha permitido además que hombres y mujeres sean convertidos en intercesores de oración las 24 horas al día.

El Espíritu Santo nos dio la orden de abrir un canal o una plataforma digital para predicar el evangelio y que las buenas noticias lleguen a todo el mundo. Como ministros de Dios, hemos decidido que los tesoros de los cielos tienen que ser declarados en la tierra en el nombre de Jesús para que el hombre vuelva a Dios en espíritu, alma y cuerpo.

Creo que hemos hablado por mucho tiempo acerca de que existe el infierno y aun así los hombres van continuamente hacia el mal. No temen al infierno porque no se han visto reflejados en Dios. Este tiempo está cumpliendo lapetición del hombre rico que murió y fue al infierno: *"Así que Jesús usó la parábola de Lázaro y el rico para advertirles sobre las dificultades y los peligros de ser movidos por el amor al dinero y la indiferencia hacia el prójimo".*

El contexto de la parábola no era la muerte o lo que sucede después de morir; se trataba del peligro de la avaricia y la hipocresía.

Allí donde él estaba siendo atormentado, hoy en día se han levantado muchos profetas, apóstoles, maestros y evangelistas que están predicando a tiempo y fuera de tiempo para poder salvar la mayor parte de la humanidad. Pero aun así muchos no creen y sostienen que tienen que ver primero para después creer.

***

"El reino de los cielos se hace fuerte y solo los valientes los arrebatan"

(Mateo 11:12 RVA)

***

"El Mover de los Ángeles" ha venido para que muchosque no creen en el cielo puedan empezar a creer y para aquellos que tienen que ver para creer, aunque nosotros hemos creído sin ver.

Damos gloria a Dios por habernos elegido para este ministerio tan glorioso del mover de los ángeles en nuestro templo y hogar, como así también en el de todos los que han venido a buscar sanidad.

Dios nos ha entregado las llaves del reino y en su nombre vamos a hacer cosas mayores de las que él hizo.

Marianela De León

CONCLUSIÓN

Los principios que he compartido a lo largo de las páginas de este libro son el resultado de una íntima comunión con Dios y de las experiencias desarrolladas a través de los años de ministerio.

Dios ha revelado la compañía de seres espirituales, ángeles de servicio, en nuestro ministerio y tanto el pastor Belliard como yo dependemos en todo de Dios.

Recuerda que no podremos lograr gran resultado en nuestro ministerio sin la unción del Espíritu Santo y sin ayudade Dios.

La clave de todo esto es la obediencia y el servicio a Dios, sin olvidarnos de que la unción no es para glorificar a unhombre sino a Dios.

Marianela De León

Marianela De León

ACERCA DE LA AUTORA

Con este libro, Marianela de León propone brindar e impartir principios bíblicos que hacen que la fe de los creyentes aumente cada día, para que puedan obtener grandes victorias y vivir más y mejor de acuerdo con el cielo de una manera poderosa.

En estos tiempos muchos pensarán en hablar de liberación y de cómo echar fuera un demonio, pero pocos hablan de cómo ministrar bajo la unción del Espíritu Santo y de ángeles guerreros, pues Dios ha enviado ángeles para respaldarnos en las luchas espirituales.

La profeta y pastora Marianela De León es una mujer llamada a establecer el reino de Dios a nivel nacional e internacional. Es fundadora al junto a su esposo, Juan Alberto Belliard, de la iglesia de adoración "La novia de cristo".

Ha ayudado también a levantar otras iglesias y fundaciones. Junto a un equipo de obreros creó la fundación "Good Luck My", a través de la cual ayuda a niños, jóvenes, adultos y ancianos.

Obtuvo una maestría en la Universidad Nuestro Pacto Internacional como terapeuta familiar y otra como psicóloga, y se formó también en la Universidad UFHEC Federico Rodríguez.

Trabaja fuertemente para cumplir la meta de predicar el evangelio y preparar a otros líderes para el crecimiento del reino. Cabalga la misión que el Señor le ha encomendado y abarca a través de su prédica muchos países de Europa y América, como Estados Unidos y distintas naciones de Centro y Sudamérica

Muchas personas han sido edificadas y sanadas gracias a su prédica y ministración. Tiene un programa en las redes sociales en el cual habla de liberación y sanidad divina.

Actualmente, la profeta y pastora Marianela De León reside en la ciudad de la Romana, República Dominicana, junto a su esposo y compañero de ministerio, el pastor Juan Alberto Belliard, y sus hijos Jazheel Raquel, Jesús Alberto y José Alberto.

Profeta y Pastora Marielena De León y su esposo y Pastor
Juan Alberto Belliard.

Predicando Profeta y Pastora Marielena De León y su esposo y Pastor Juan Alberto Belliard.

Printed in the USA
CPSIA information can be obtained
at www.ICGtesting.com
CBHW051113151124
17465CB00011B/437